Mumm

PICs für Einsteiger

Elektronik

Thorsten Mumm

PICs für Einsteiger

Tipps und Tricks rund um das PICkit™ 1 FLASH STARTER KIT

Mit 58 Abbildungen

FRANZIS

Bibliografische Information der Deutschen Bibliothek
Die Deutsche Bibliothek verzeichnet diese Publikation in der Deutschen Nationalbibliografie; detaillierte Daten sind im Internet über **http://dnb.ddb.de** abrufbar.

Satz: Fotosatz Pfeifer, 82166 Gräfelfing
art & design: www.ideehoch2.de
Druck: Legoprint S.p.A., Lavis (Italia)
Printed in Italy

ISBN 3-7723-**4994-3**

Vorwort

Dieses Buch möchte sich an Elektronikbastler wenden, die auf der Suche nach einer kleinen Einführung in die Welt von Mikrocontrollern und deren Programmierung sind.

Es werden keine Softwarekenntnisse in irgendeiner Programmiersprache vorausgesetzt, lediglich Grundkenntnisse in der Elektrotechnik sollten vorhanden sein.

Es sollen in dem Buch gesammelte Erfahrungen mit den PIC-Mikrocontrollern 12F629 und 12F675 weitergegeben werden, um Neulingen auf diesem Gebiet die Angst vor den dicken Datenbüchern zu nehmen, oder ihnen einfach nur zu helfen, Fehler, die immer wieder gemacht werden, zu vermeiden. Als Programmiersprache kommt in den Aufgaben der PIC-Assembler mit seinen nur 35 Befehlen zum Einsatz, die alle einzeln und anhand von Beispielen erklärt werden.

Als erstes erfolgt eine kurze Vorstellung der im Buch benutzten Entwicklungsumgebung, dem »PICkit™ 1 FLASH STARTER KIT« von Microchip. Diese Entwicklungsumgebung ist mit etwa 30,– € recht preisgünstig. Sie unterstützt zwar nur eine kleine Anzahl an Controllern mit bis zu 12 I/Os, die sich aber sehr gut zum Einstieg in das Arbeiten mit PIC-Mikrocontrollern eignen. Der Schwerpunkt in diesem Buch wird auf dem PIC-Controller 12F629 liegen. Alle vorgestellten Programme laufen aber auch – mit einer kleinen Änderung – auf dem PIC 12F675. Mit einigen weiteren Anpassungen laufen sie auch auf jedem anderen PIC-Controller.

Das PICkit 1 verfügt über eine USB-Schnittstelle und kann so an jeden modernen PC mit einer USB-Schnittstelle und einem Betriebssystem ab Windows 98SE angeschlossen werden.

Es wird kein Treiber und auch **keine** extra Stromversorgung für den Betrieb des PICkits 1 benötigt.

Auf der PIC-Platine steht, neben der Programmierungsmöglichkeit für die Controller, auch eine kleine Testumgebung zur Verfügung. Microchip bietet darüber hinaus Erweiterungskarten zum PICkit 1 an, zum Beispiel das PICtail™

Daugther Board »Signal Analysis«, welches mit der beiliegenden Software als kleines, aber sehr langsames Digital-Scope benutzt werden kann.

Wenn man schon im Besitz eines Brenners für PIC-Mikrocontroller ist, kann man sich aber auch nur die Testumgebung nachbauen, um die Beispiele aus dem Buch durchzuarbeiten.

Abb. 1: daugther board »Signal analysis« mit einem selbstgebauten PICkit

Bearbeitet werden Grundlagen, die alle mit dem PICkit 1 ohne jegliche Hardware-Erweiterung möglich sind. Zum Beispiel: Das Einlesen einer Taste und ein daraus resultierendes Schalten einer Leuchtdiode. So werden diese Grundlagen schrittweise erklärt und dann immer weiter ausgebaut. Es folgt ein Blink- und Lauflicht, wo sich am Ende die Geschwindigkeit über einen verstellbaren Widerstand beeinflussen lässt. Dabei wird der im PIC 12F675 eingebaute A/D-Wandler benutzt.

Inhaltsverzeichnis

1 PIC-Controller, der unbekannte Chip

Was ist ein PIC-Mikrocontroller?

Die Abkürzung PIC steht schlicht für »**P**rogrammable **I**ntegrated **C**ircuit«.

Etwas übertrieben gesagt, ist ein Mikrocontroller ein Micro-PC ohne Tastatur, der die verschiedensten Aufgaben erfüllen kann. Mikrocontroller sind aus der Technik heute nicht mehr wegzudenken. Sie sitzen in Waschmaschinen, Gefriertruhen, Fernbedienungen, Autos und so weiter und so fort. Es gibt in der Zwischenzeit eine große Anzahl von verschiedenen Typen für die unterschiedlichsten Anwendungen. Auch die Angebotspalette der Firma Microchip ist sehr groß. Die zurzeit leistungsstärksten sind die dsPICs, die aber in diesem Buch keine Rolle spielen werden. Mit diesen doch sehr komplexen und vielseitigen Mikrocontrollern sollte man nicht den Einstieg in die Welt des Programmierens wagen. Dafür eignen sich die mit dem PICkit 1 auch programmierbaren zwei Typen 12F629/675 und 16F630/676 besser, die sich nur durch den bei dem 12F675 und 16F676 vorhandenen A/D-Wandler und der Anzahl der zur Verfügung stehenden I/O-Pins unterscheiden. Im Buch werden nur die kleineren PICs der Reihe 12F629 und 12F675 Verwendung finden. Sie sind erheblich einfacher, als die dsPICs, bieten aber trotzdem noch eine sehr gute Basis für den Einstieg mit ihren Möglichkeiten.

Abb. 2: Ein PIC10F202 in der SOT-23 Bauform auf einem 1-Cent-Stück

Für Hobby-Bastler auch sehr interessant sind die im Herbst 2004 erschienenen PICs der 10F20x Familie mit 4 oder 6 I/Os. Sie sind auch mit dem PICkit 1 programmierbar und wer etwas sehr Kleines bauen möchte, der kann bei diesen Controllern auf Gehäuse der Bauart SOT-23 mit den Außenmaßen von 2,95 x 2,8 mm zurückgreifen. Die kann man zum Beispiel zum Steuern einer Umleuchte auf einem Modell-Polizeiwagen benutzen. Laut der Werbung von Microchip sind es die zurzeit kleinsten Mikrocontroller der Welt. Aber auch die anderen PIC-Conroller sind in einer SMD-Ausführung erhältlich. Am Ende des Buches wird hierzu noch kurz ein kleines Hilfsmittel für das Programmieren von SMD Mikrocontrollern vorgestellt.

Alle in diesem Buch vorgestellten Programme sind auch mit kleinen Anpassungen auf anderen Controller-Typen lauffähig. Dazu gibt es mehr Informationen im Kapitel »Tipps & Tricks«.

Hier nun einige technischen Daten der zwei im Buch benutzten PICs in Kurzform:

- nur 35 Assembler Befehle, die gelernt werden müssen
- alle Befehle, bis auf Sprünge, werden in einem Schritt (Takt) abgearbeitet
- 2,0 V – 5,5 V Betriebsspannung
- Low power Power-on Reset (POR)
- bei 20 MHz Oscillator 200 ns Instruction cycle
- 1024 Words FLASH Program Memory
- Internal Oscillator mit 4 MHz und ±1%
- 128 Byte EEprom
- bis zu 4 A/D-Wandlerkanäle
- 6 I/Os
- In-Circuit Serial Programming™ (ICSP™) über zwei Pins
- und vieles mehr...

Wie schon erwähnt, ist die Angebotspalette von Mikrocontrollern der Firma Microchip sehr groß. Es gibt viele verschiedene Mikrocontroller, mit besonderen Hardware-Eigenschaften für ganz spezielle Aufgaben. So zum Beispiel für die unterschiedlichsten Schnittstellen, wie USB und zu anderen BUS-Systemen, oder für die Steuerung von Motoren mit PWM (Pulsweitenmodulation).

Die unterschiedlichen Hardware-Funktionen in den Controllern machen es nötig, dass vor der Inbetriebnahme eines Controllers verschiedene Konfigurations-Bits gesetzt werden müssen.

Und hier beginnt nun schon das Lernen:

Etwas, was die ganze Sache erschwert, ist, dass die Dokumentation in den Datenbüchern der verschiedenen Controller-Typen teilweise mit verschiedenen Abkürzungen arbeiten, um dasselbe zu beschreiben. Dies trifft leider auch auf die im Buch beschriebenen Controller zu. So kann man leider ein Programm nicht, ohne Änderungen vorzunehmen, auf einen anderen Controller übertragen. Auf was man hierbei achten muss, wird in dem Kapitel »Tipps und Tricks« angesprochen. Dieses Abkürzungsproblem taucht auch wieder auf, wenn man die Entwicklungsumgebung MPLAB verwendet. Dort gibt es dann wieder andere Begriffe und Abkürzungen, als in den Datenblättern. So zum Beispiel bei der Auswahl der Konfigurations-Bits. Also bitte nicht verwirren lassen!

Im nächsten Abschnitt sollen nun die Konfigurations-Bits der zwei im Buch benutzten Controller näher vorgestellt werden. Solche Grundeinstellungen sind zu jedem Programm nötig. Um die Thematik zu vereinfachen, wird für alle folgenden Aufgaben die gleiche Einstellung gewählt. Diese Einstellungen gelten sowohl für den 12F629 als auch für den 12F675.

1.1 Der PIC12F629 und 12F675

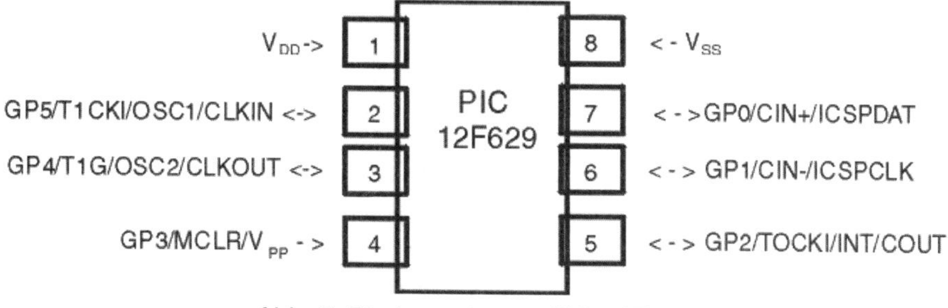

Abb. 3: Pin-Layout zum PIC 12F629

Wie man aus dem Bild bereits erahnen kann, sind selbst bei diesem kleinen Controller die Pins mit verschiedenen Funktionen belegt, so dass eine Auswahl getroffen werden muss. Für den PIC12F675 kommen dann noch die vier Analogeingänge an den Pins 3 und 5-7 hinzu. Es gibt dabei Eigenschaften, die einmalig festgelegt werden müssen, sowie Funktionen, die auch im Betrieb geändert werden können.

Funktionen, die nicht im Betrieb geändert werden können, werden mit den Konfigurations-Bits eingestellt. Für diese Controller gibt es sieben dieser Bits.

Die Bits im Einzelnen:

- WDT: steht für den Wachhund, den **W**atch**d**og **T**imer. Mit diesem Timer ist es möglich, dass ein Controller sich im Betrieb selbst überwacht. Ist dieser Timer aktiviert, muss er immer in bestimmten Zeitintervallen wieder zurückgesetzt werden, sonst löst der Watchdog Timer automatisch einen RESET aus.

- BODEN: ist die Abkürzung für das **B**rown-**o**ut **D**etect **En**able Bit. Dies ist eine Art Sicherheitsfunktion der Controller. Hier wird erkannt, wenn die Betriebsspannung unter den zulässigen Minimal-Wert von etwas mehr als 2 V fällt. Tritt dies ein, wird im Controller ein RESET erzeugt und aufrechterhalten. Erst, wenn die Spannung wieder den Vorgaben entspricht, beginnt der Controller das Programm mit einer Zeitverzögerung vom 72 ms erneut von vorne abzuarbeiten.
- MCLRE: steht für **M**aster **Cl**ear **E**nable. Das sieht schlimmer aus, als es ist. Es legt nur die Funktion des Pins 4 fest, ob dieser ein I/O-Pin, oder ob der Pin ein Reseteingang ist. Dann würde der Controller immer bei einer fallenden Flanke von 5 V nach 0 V einen RESET ausführen und das Programm würde von vorne starten, egal an welcher Stelle es gewesen ist.
- PWRTE: **Pow**e**r**-up **T**imer **E**nable ist verwandt mit der Brown out Funktion. Hiermit wird sichergestellt, dass der Controller erst mit Erreichen der für einen sicheren Betrieb notwendigen Spannungshöhe und einer darauf folgenden Zeitverzögerung von nominal 72 ms mit der Programmabarbeitung beginnt. Dies sichert ein sauberes Anlaufen des Controllers beim Einschalten der Betriebsspannung.
- CP: Ist das **C**ode **P**rotection Bit. Wird dies Bit gesetzt, ist es nicht mehr möglich, das im Chip abgelegte Programm auszulesen.
- CPD: **D**ata **C**ode **P**rotection Bit. Mit diesem Bit wird das im Controller integrierte EEprom geschützt, so dass kein ungewolltes Schreiben auftreten kann.
- Oscillator: hier muss nun der Typ des Taktgenerators ausgewählt werden. Hierfür stehen acht Unteroptionen zur Auswahl. Es werden dadurch gleichzeitig die Eigenschaften von mehreren Pins beeinflusst!
  1. LP: **L**ow **P**ower Oscillator: Diese Einstellung sollte bei einem Quarz, Keramikresonator oder bei einer externen Taktquelle mit geringer Frequenz ausgewählt werden. Diese niedrigen Frequenzen helfen, Energie zu sparen, wodurch zum Beispiel Batterien länger halten. Wird diese Funktion ausgewählt, entfallen die Eingänge GPIO4 und GPIO5 und werden zu Takteingängen.

2. XT: Crystal/resonator: Diese Einstellung sollte bei einer externen Taktquelle im Bereich von 100 kHZ bis etwa 4 MHz gewählt werden. Ansonsten ist das Verhalten mit LP identisch.
3. HS: High speed crystal/resonator: Diese Einstellung sollte bei einer externen Taktquelle im Bereich von 4 MHZ bis 20 MHz gewählt werden. Ansonsten ist das Verhalten mit LP identisch.
4. EC: **E**xternal **c**lock: Gibt es in der Schaltung bereits einen Systemtakt, der auch für diesen Controller benutzt werden kann, so ist das die zu wählende Einstellung. Der Takt wird an GPIO5 angeschlossen und GPIO4 steht als I/O-Pin zur Verfügung.
5. INTOSC_NOCLKOUT: Diese Einstellung aktiviert eine interne 4 MHz Taktquelle, die eine Genauigkeit von 1% hat. Dadurch stehen bei dieser Funktion beide Pins GPIO4 und GPIO5 als I/O-Pin zur Verfügung.
6. INTOSC_CLKOUT: Diese Einstellung aktiviert auch den internen 4 MHz Takt. Der Unterschied ist jener, dass dieser Takt an GPIO5 zum Abgriff zur Verfügung steht und nur GPIO4 als I/O-Pin benutzt werden kann.
7. RC – Oscillator (EXTRC_OSC_NOCLKOUT): Diese Einstellung bietet die Möglichkeit, den Takt mit einer RC-Kombination zu erzeugen. Dabei dient GPIO5 als Takteingang und GPIO4 steht als I/O-Pin zur Verfügung.
8. RC – Oscillator (EXTRC_OSC_CLKOUT): Ist fast identisch mit dem Punkt sieben, nur dass hier GPIO4 keine I/O Funktion bietet. Dort steht der Takt der RC-Kombination zum Abgriff zur Verfügung.

Jetzt noch kurz den doch sehr trockenen Stoff beenden und die Einstellungen für alle in diesem Buch behandelten Aufgaben betrachten. Die gewählten Einstellungen sind in den Programmköpfen der Quellcodes mit einem Sternchen markiert.

1.2 Die Config-Bits für die Aufgaben

Das Code Protection Bit braucht nicht gesetzt zu werden. Dies wird erst interessant, wenn man die geschriebenen Programme gegen unbefugtes Auslesen schützen möchte.

Da das EEprom in keiner Aufgabe benutzt wird, ist diese Einstellung auch ohne Bedeutung. Für die Beispiele wurde die Einstellung »off« gewählt.

Der Wachhund (watchdog timer) darf auch zu Hause bleiben und wird nicht aktiviert. Dies erfordert in der Anfangszeit einen zu großen Aufwand.

Den Power up Timer und die Brown out Funktion machen schon Sinn, denn so ist sichergestellt, dass der Controller nur unter den richtigen Betriebsbedingungen arbeitet und kontrolliert anläuft. Dies erspart einem die sonst dafür zusätzlich erforderliche Beschaltung.

MCLRE = OFF: Da alle Beispiele auch auf der Testplatine laufen sollen, muss hier der Eingang GPIO3 gewählt werden, so dass die Rest-Funktion nicht zur Verfügung steht.

Für die Oszillator-Einstellung ist die Funktion »interner OSC« ohne ‚Clock out' zu wählen, da auf der PIC-Platine keine andere Taktquelle zur Verfügung steht.

Um diese Einstellungen nun in den Controller zu übertragen, gibt es zwei Wege:

Einmal über die Entwicklungsumgebung MPLAB, dazu aber erst mehr im Kapitel »MPLAB«.

Oder alternativ über den Compiler im Quellcode. Dazu müssen diese Informationen dem Compiler zur Verfügung gestellt werden. Das geschieht über die Zeile: ‚_config...' für die es zwei Schreibweisen gibt: Die Ausführliche, wie sie hier als erstes folgt:

```
__CONFIG    _CP_OFF & _WDT_OFF & _BODEN_ON & _PWRTE_ON &
_INTRC_OSC_NOCLKOUT & _MCLRE_OFF & _CPD_OFF
```

Achtung: Wenn die obige Zeile in ein Programm eingefügt werden soll, darf hier kein Zeilenumbruch erfolgen.

Oder aber auch die verkürzte Schreibweise »_config H'3FC4'«, was dem Compiler genau dasselbe sagt. Als ungeübter Programmierer liest sich dies aber sicher nicht ganz so verständlich.

Tipp: Für die Einstellung der Konfigurationsbits sollte man immer die ausführliche Schreibweise wählen, denn wenn man nach Tagen oder gar Wochen mal wieder mit seinem PIC arbeitet, weiß man den Code der Kurzschreibweise sicher nicht mehr.

Für die ersten eigenen Projekte findet man diese Einstellungen, ohne einen anhängenden Quellcode, in der Datei »Konfig_Bits.asm« auf der CD in dem Ordner »Aufgaben«.

Sicher, bei kleinen Projekten sagt man sich: »Was soll diese ganze Dokumentation? Ich weiß doch, was ich geschrieben habe!« – Ja, so habe ich auch angefangen. Die Strafe folgt sicher, spätestens dann, wenn man nach langer Zeit das Projekt wieder einmal weiter bearbeiten möchte, weil es in der Freizeit wichtigere Dinge gab, als das Programmieren oder man nach einiger Betriebszeit eine Erweiterung einarbeiten möchte. Aber das sind vermutlich Erfahrungen, die man selber machen muss. Ich konnte auch nicht hören und musste manches wieder von vorne beginnen.

Um sich diese Fleißarbeit etwas zu erleichtern, kann man später immer wieder auf die Datei »Konfig_Bits.asm« zurückgreifen. Diese Datei stellt neben den Konfigurationsbits einen Programmkopf bereit, mit dem sich der Aufwand für die Dokumentation eines Projektes etwas verringert. Hier kann man zum Beispiel eine Kurzbeschreibung des Programms einfügen und alle weiteren Informationen, die man für wichtig hält. Lieber etwas mehr schreiben, als zu wenig. Diese Datei sollte man von Zeit zu Zeit immer um die neuen Funktionen, die man dokumentieren möchte, erweitern. So wird im Laufe der Zeit ein Programmkopf entstehen, der nur zu jedem neuen Projekt angepasst werden muss. Hierdurch lässt sich der Dokumentationsaufwand erheblich vereinfachen.

Hier der Ausschnitt aus der Datei mit den Konfigurationsbits:

```
; CP: Code Protection bit
; *   OFF = Program Memory code protection is disabled
;     ON  = Program Memory code protection is enabled
; WDT: Watchdog Timer Enable bit
;     ON  = WDT enabled
; *   OFF = WDT disabled
; BODEN: Brown-out Detect Enable bit
; *   ON  = BOD enabled
;     OFF = BOD disabled
; PWRTE: Power-up Timer Enable bit
;     OFF = PWRT disabled
; *   ON  = PWRT enabled
; MCLRE: GP3/MCLR pin function select
;     ON  = GP3/MCLR pin function is MCLR
; *   OFF = GP3/MCLR pin function is digital I/O
; CPD: Data Code Protection bit
; *   OFF = Data memory code protection is disabled
;     ON  = Data memory code protection is enabled
; Oscillator Variationen:
;     LP_OSC   = Low power crystal on GPIO4 and GPIO5
;     XT_OSC   = Crystal/resonator on GPIO4 and GPIO5
;     HS_OSC   = High speed crystal/resonator on GPIO4 and GPIO5
```

```
;     EC_OSC    = I/O function on GPIO4 pin, CLKIN on GPIO5
; *   INTRC_OSC_NOCLKOUT  = I/O function on GPIO4 pin, I/O function on GPIO5
;     INTRC_OSC_CLKOUT  = CLKOUT function on GPIO4 pin, I/O function on GPIO5
;     EXTRC_OSC_NOCLKOUT  = I/O function on GPIO4 pin, RC on GPIO5
;     EXTRC_OSC_CLKOUT    = CLKOUT function on GPIO4 pin, RC on GPIO5
```

Abb. 4: Programmkopf zur Erklärung der Configurations-Bits

Soweit die Konfiguration der einmalig zu treffenden Einstellungen. Um nicht zuviel Theorie an den Anfang zu stellen, sollen die im Betrieb veränderbaren Einstellungen erst in den Beispielen erklärt werden, wo sie dann auch gleich angewendet werden können.

2 Etwas Schaltungstechnik zum PIC

2.1 Eine Minimalschaltung für Mikrocontroller

Die Grundschaltung für PIC-Mikrocontroller mit einer integrierten Taktquelle ist sehr einfach. Für den einfachen Betrieb der Controller reicht eine Betriebsspannung von 2–5,5 Volt Gleichspannung aus. Für die Takterzeugung greift man dann bei dem PIC 12F629 auf die interne 4 MHz Quelle zurück, die mit einer Toleranz von ±1% für die meisten, vor allem für Hobby-Anwendungen präzise genug arbeitet. Dies spart neben Platz auf der Platine auch Zeit und Geld.

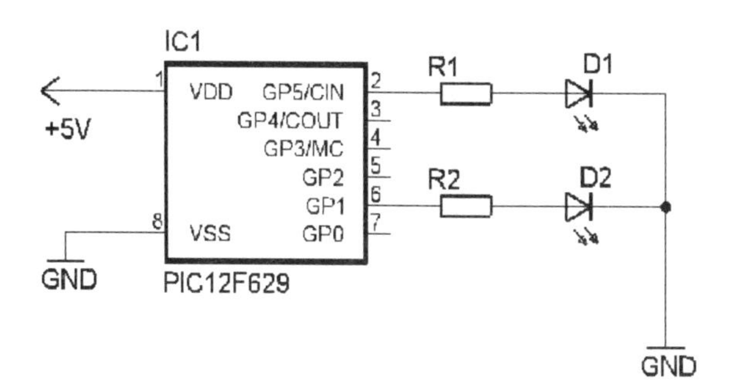

Abb. 5: Minimal-Schaltung für ein Blinklicht bei 5 V Versorgungsspannung

Für ein korrektes Anlaufen einer Controllerschaltung werden die Betriebsspannungs-Überwachungsfunktionen im PIC aktiviert. Hiermit wird die Betriebsspannung kontrolliert und bei einer Unterschreitung der Spannung wird der PIC-Controller durch einen RESET in seine Grundstellung gesetzt und die Programmabarbeitung gestoppt. Bei Batteriebetrieb wird damit auch sichergestellt, dass, wenn die Spannung der Batterie zu klein wird, der Controller abschaltet und keine Fehlfunktionen ausgelöst werden können. Sollen nun für die ersten Versuche nur einfache Leuchtdioden geschaltet werden, reichen einfache Vorwiderstände aus, da die Ausgangsstufen mit 25 mA genügend Strom abgeben könnten. Und schon ist die erste Schaltung dimensioniert. Aber Vorsicht! Die PIC-Controller können diesen Strom nicht auf Dauer liefern. Es sollten schon low-current LEDs zum Einsatz kommen, da sich der Dauerstrom auf 3 mA (high) bzw. 8 mA (low) beschränkt! Mehr dazu im Datenblatt, im Kapitel 12. ELECTRICAL SPECIFICATIONS ab Seite 83. Dort sind die elektrischen Parameter der Controller aufgeführt.

Eine oben abgebildete Schaltung kann zum Beispiel einen NE 555 mit seinen Widerständen und Kondensatoren für die Zeitbestimmung als Blinklichtschaltung ersetzen. Hier erfolgt die Einstellung der Blinkzeit mit Hilfe der Software über eine Variable.

Bei einer komfortableren Ausführung der Schaltung könnte dann ein einstellbarer Widerstand die Blinkzeit veränderlich machen. Wenn sich nun an jedem Ausgang auch noch eine Leuchtdiode befindet, könnte die Schaltung zu einem Lauflicht mit veränderbarer Geschwindigkeit werden. Mit einem Taster als Eingabequelle könnten dann verschiedene Blinkmuster oder Geschwindigkeiten eingestellt werden. Was man dabei sieht, ist, dass mit kleinen Erweiterungen der gleichen Grundschaltung die unterschiedlichsten Funktionen realisiert werden können. Es bleibt immer nur der Mikrocontroller als Herzstück der Schaltung, an dem die unterschiedlichste Peripherie angeschlossen wird, um die verschiedensten Aufgaben zu lösen.

Was man später auch noch sehen wird, ist, dass die Pins ihre Eigenschaften im Betrieb wechseln können. So kann ein Eingang auch im Betrieb zu einem Ausgang werden. Dies geht natürlich auch umgekehrt.

2.2 Die Hardware des PICkits 1

Da das Buch den Schwerpunkt auf die Programmierung von Controllern legen möchte, soll auf die Möglichkeiten des Starter KITs zurück gegriffen und auf eigene Schaltungsaufbauten verzichtet werden. Auf diesem Board stehen für Testzwecke in der Grundausstattung acht Leuchtdioden, ein Taster und ein Spannungsteiler als Analogwertgeber zur Verfügung. Die genauen Schaltpläne können der CD, die dem Starter-Kit beiliegt oder dem Internet entnommen werden.

Wer dieses Board aber nicht besitzt, kann mit Hilfe des in Abb. 7 dargestellten Schaltplans eine eigene Experimentierplatine aufbauen. Diese entspricht in ihrer Funktion der des PIC-Boards, hat aber keine Brennfunktion für die Mikrocontroller.

Den Mittelpunkt der Schaltung bildet ein 14-poliger IC-Sockel. In diesem Sockel wird der entsprechende Controller immer in den oberen Bereich gesteckt. Das bedeutet, die Eins ist immer oben links, ob acht- oder 14-poliges IC. Die

Pins 5–10 sind ohne Funktion und bleiben vorerst frei. Gleiches gilt entsprechend für das PICkit-Board. Als Sockel sollte bei einem Eigenbau ein Feder- oder besser ein Nullkraftsockel zum Einsatz kommen, da der Controller doch recht oft entnommen wird.

Wie man sofort sieht, werden in dieser Schaltung die Leuchtdioden allerdings etwas anders angesteuert, als es in der Grundschaltung dargestellt worden ist. So ist es möglich, mit nur vier Ausgängen acht Leuchtdioden anzusteuern. Erweitert man das PIC-Board, können sogar 12 Leuchtdioden adressiert werden.

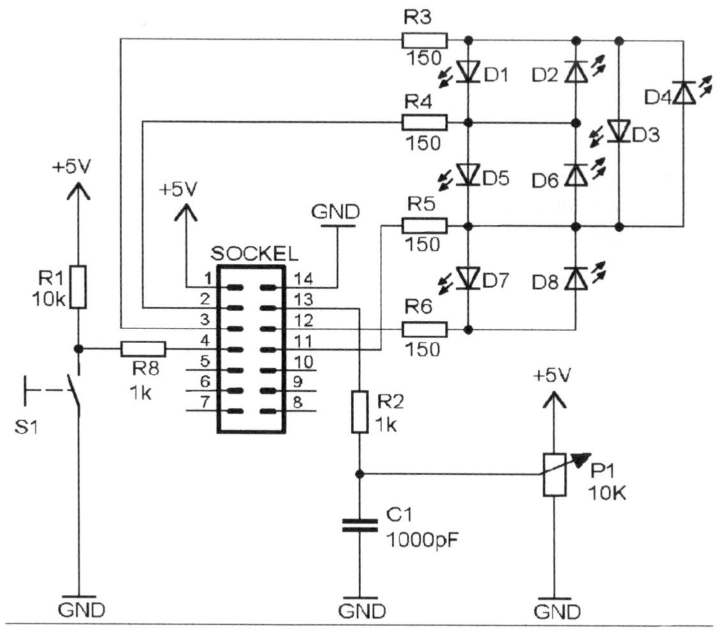

Abb. 6: Schaltplan für den Experimentierteil des PICkits

Dies ist möglich, da wie bereits erwähnt, die Eigenschaften der Pins im Betrieb geändert werden können.

Es wird dabei ausgenutzt, dass die Pins der Mikrocontroller im Betrieb drei(!) und nicht, wie in der Digitaltechnik sonst üblich, nur zwei verschiedene Zustände annehmen können. Es gibt, neben dem eigentlichen »an«/»aus«, was mit »HIGH«/»LOW« bezeichnet wird, und 5 V oder 0 V am Ausgang entspricht, einen dritten Zustand, der einem »offen« entspricht. »Offen« bedeutet hierbei ***hochohmig*** (tristate), ähnlich eines offenen Schalters. Man kann in diesem Zustand dort weder 0 V noch 5 V messen. Die wirkliche Anzeige eines

Messgerätes hängt aber etwas von der Bauart und der Qualität des Messgerätes ab. Für die Schaltung ist dieser Zustand vergleichbar, als ob bei einer Lampe die zweite Seite in die Luft gehalten würde.

In einer späteren Ausbaustufe könnte auch ein LCD-Display am PICkit 1 zum Einsatz kommen. Dieses kann auf der PICkit-Platine an den Anschluss J3 aufgesteckt werden, wo allerdings erst eine Stiftleiste dazu eingelötet und auch ein Kabel mit einem Übergabestecker für das Display angefertigt werden müsste.

Abb. 7: PIC-kit mit einem LCD-Display

Beim Selbstbau der Testplatine und dem Interesse, später ein Display einzusetzen, kann dies gleich mit berücksichtigt werden, es sollte aber über eine Steckverbindung angeschlossen sein.

Auch die selbsterstellte Testplatine kann mit einem USB-Stecker ausgerüstet werden und über einen USB-Anschluss durch einen PC mit 5 V versorgt werden.

Sinnvoll ist dabei ein USB-Hub. Diese Geräte gibt es schon recht günstig und mit einem eigenen Netzteil liefern sie auch einen ausreichenden Strom. Dies schützt und entlastet den PC und außerdem schlagen Verdrahtungsfehler nicht gleich auf diesen durch.

Um das PICkit 1 an einem PC zu betreiben, sind keine zusätzlichen Treiber erforderlich. Das Board wird von Windows (ab 98SE) als HID -> Human Interface Device erkannt.

3 MPLAB, die Entwicklungsumgebung

Womit und wie schreibe ich denn nun Programme für die PIC-Mikrocontroller?

Und wie überspiele ich diese in einen Controller?

Das ist eine Entscheidung, die jeder für sich selbst treffen sollte.

Da gibt es das kostenlose Entwicklungstool von Microchip: MPLAB IDE, welches zur Zeit in der Version 7.1 zur Verfügung steht. Wer im Internet sucht, wird aber auch eine Menge anderer Programmiertools zu PIC-Controllern finden. Diese beschränken sich aber häufig auf einige wenige PIC-Controller und auf andere Programmiergeräte. Darauf soll hier aber nicht weiter eingegangen werden.

MPLAB bietet den Vorteil, dass es vom Hersteller Microchip direkt kommt. So ist die Software **immer** an alle Funktionen und auch an die neuesten Controller angepasst. Es entsteht keine Abhängigkeit zu einem dritten Anbieter, der vielleicht kein Interesse daran hat, diese Controller oder Funktionen zu unterstützen. Sollte man auch später auf den Geschmack gekommen sein, mit PIC-Controllern zu arbeiten, und möchte man sich mal mit den großen Controllern beschäftigen, kann man **ohne** Softwarewechsel mit den gelernten Grundlagen und derselben Software weiterarbeiten. Alle Brenner von Microchip sind kompatibel und in MPLAB eingebunden. Die Firmware der Brenner wird ständig aktualisiert. Auch die Preise der Brenner sind in den letzten Jahren gesunken und im Verhältnis der Leistungsfähigkeiten auch für den Hobbybereich bezahlbar geworden.

So kostet das PICkit 1, mit dem hier im Buch gearbeitet wird, um die 30,– €. Der PICSTART-Plus-Brenner (die nächste Stufe), die schon fast alle Controller bis 40 PINs unterstützt, kostet um die 170,– €. Es entstehen zwar so etwas mehr Kosten, die sich bei mir aber durch die hohe Flexibilität und die Ausbaufähigkeit schon wieder amortisiert haben.

Ich arbeite zeitweise bei kleinen Projekten mit dem PICkit 1, aber in der Zwischenzeit hauptsächlich mit dem PICSTART-Plus-Brenner.

Einen Nachteil hat das Ganze natürlich auch: Wie alle Dokumentationen in der Elektronik, ist auch die Software nur in Englisch erhältlich. Wer sich tiefer in die Welt von Mikrocontrollern einarbeiten möchte, kommt um diese Sprache nicht herum. Spätestens die Datenblätter aller Hersteller sind in Englisch.

Die aktuellste Version von MPLAB IDE kann aus dem Internet von der Homepage von Microchip heruntergeladen werden:

http://www.microchip.com

Am leichtesten findet man MPLAB mit Hilfe der ‚Suche' nach der Produkt-ID: DV003001 oder unter dem Stichwort »development tools«.

Man muss aber nicht unbedingt jede neue Version installieren. Manchmal werden nur neue Controller eingebunden. Welche Änderungen enthalten sind, findet man auch in dem Download-Bereich. Für das Arbeiten mit dem Buch ist die Version 7.0 ausreichend.

Sie befindet sich mit auf der CD im Ordner ‚Software'.

Fängt man neu in dieser Welt mit MPLAB an, sollte man keine Vorurteile haben.

Wenn man sich im Internet umschaut und informiert, gibt es wie immer Stimmen, die es nicht mögen und andere, die begeistert sind.

Aber wie mit jeder modernen Software, muss man sich damit einige Zeit beschäftigen, bis sich einem alle Funktionen wirklich erschließen. Allerdings braucht man nicht jede Funktion für jede Aufgabe, schon gar nicht in der ersten Zeit. Das ist ähnlich, wie bei Textverarbeitungs-Programmen. Sie können sehr viel, aber erst, wenn man mehr als kurze Briefe schreibt, lernt man die Funktionen zu nutzen und zu schätzen.

MPLAB unterstützt, neben der Quellcodeentwicklung für Assembler in einem Editor und dem Brennen von Controllern, auch die Simulation vom Quellcode. Dies ist eine interessante Funktion, wobei man dabei recht genau hinschauen muss, ob das simuliert wird, was man simulieren möchte. Weiterhin können auch verschiedene C-Compiler eingebunden werden.

3.1 Arbeiten mit MPLAB

MPLAB IDE, so der volle Name der Software, wird wie jede andere Software nach dem Entpacken über das Starten von SETUP installiert. Wichtig ist: Beim Einsatz des PICkits 1 ist mindestens Windows 98SE zur Unterstützung der

USB-Schnittstelle erforderlich. Ansonsten müssen keine besonderen Einstellungen erfolgen. Als Installationslaufwerk auf dem PC sollte C:\ mit dem von MPLAB vorgeschlagenen Verzeichnis benutzt werden, sonst müssen zusätzliche Einstellungen in MPLAB getroffen werden, auf die hier nicht eingegangen werden soll. Alle weiteren Einstellungen, wie die Dateinamen, können aber frei gewählt werden. Nur die Endungen sind bindend.

Eine weitere Einschränkung gibt es noch: die Pfadtiefe. Dabei darf der Dateiname und die Verzeichnisstruktur nicht mehr als 62 Zeichen haben. Dies ist kürzer, als man denkt!

Um nun ein Programm zu schreiben, startet man MPLAB und erhält dann zwei Fenster: »*Output*« und »*Untitled Workspace*«.

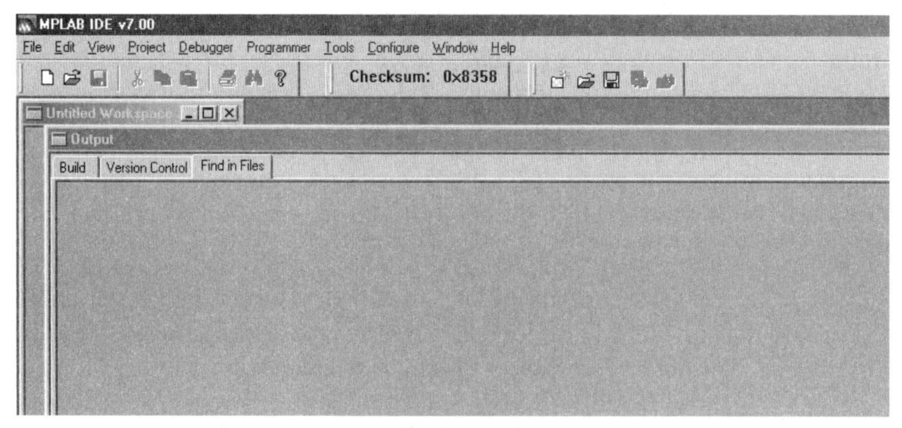

Abb. 8: Starten von MPLAB

Im Fenster »*Output*« werden alle Informationen von MPLAB an den User ausgegeben. In dem zweiten sich öffnenden Fenster, dem mit dem Namen »*Untitled Workspace*«, finden so keine Aktionen statt.

Auch wenn es Veröffentlichungen gibt, die etwa behaupten, um mit MPLAB arbeiten zu können sei es notwendig, dass viele Voreinstellungen eingerichtet und ein Projekt erst aufwendig definiert werden müsste: Dem sei hier widersprochen!

Um das Gegenteil zu zeigen, soll gleich als nächstes das erste kleine Programm in den Controller übertragen werden.

Es stimmt aber soweit schon:

Wenn man größere Programme erstellen möchte, die aus verschiedenen Dateien und vielleicht sogar in verschiedenen Programmiersprachen geschrieben sind, sollte man sich die Mühe machen und ein Projekt anlegen, da es dann die Arbeit auch erleichtert. Das verliert, wenn man mit der Software näher vertraut ist, seinen ‚Schrecken', ist selbsterklärend und erleichtert die Projektübersicht.

Da MPLAB das PICkit 1 unterstützt, wenn ein **passender** Controller gewählt wurde, ist es auch ganz einfach, die geschriebenen Programme zu übersetzen und in den Controller zu brennen. Ein paar Mausklicks und der Controller ist programmiert.

Das soll hier nun einmal vorgestellt werden:

Als erstes muss nun in der Menüleiste in der Rubrik »*Configure*« der PIC-Controller in »*Select Device*« ausgewählt werden. Für diese Aufgabe ist das der PIC12F629. Danach muss in der Menüleiste »*Programmer*«, »*Select Programmer*«, das PICkit 1 gewählt werden.

Hat man nun aber nur einen PIC 12F675 zur Hand, muss man immer nur im Gedanken beim Lesen dieses Buches die Endung des Controllers in ...675 ändern.

Ist kein passender Controller im PICkit 1 installiert, erscheint im Fenster OUTPUT die Meldung: »PICkit's device does not match the device selected.« Dies ist der Hinweis, dass noch ein passender Controller benötigt wird.

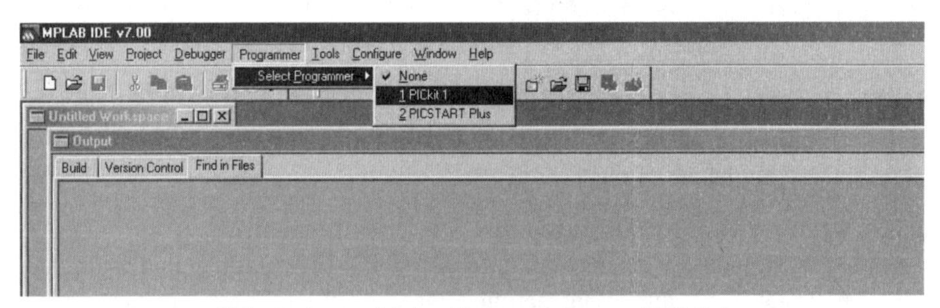

Abb. 9: Auswahl des Programmers -> PICkit 1

Wählt man also den PIC12F629 aus und setzt einen entsprechenden Controller in die IC-Fassung und aktualisiert das Fenster mit »*Programmer*« -> »*Connect*«, erscheint nur noch die aktuelle Firmware-Version zum Beispiel: »*Firmware Version 2.0.2.*«

Achtung: Das PICkit 1 steht nur zur Auswahl, wenn in der Rubrik »*Select Device*« ein PIC-Controller gewählt wurde, der von dem PICkit 1 unterstützt wird. Ansonsten erscheint das PICkit 1 nur in hellgrau und kann nicht gewählt werden!

Als nächstes lädt man die Aufgabe »*MPLAB_6xx*« von der CD. Hierzu muss man die Datei von der CD auf die Festplatte kopieren, sonst führt es zu einer Fehlermeldung des Compilers: »*Nicht genügend Speicher*«. Dies liegt daran, dass der Compiler nicht in der Lage ist, auf eine CD zu schreiben. MPLAB wird beim Kompilieren vier weitere Dateien in dem Verzeichnis erzeugen.

Nach dem Kopieren der Datei auf die Festplatte öffnet man die kopierte Datei an dem neuen Ort mit »*File*« -> »*Open*«... oder dem Symbol

Da das Beispiel ohne Änderungen lauffähig ist, brauchen keine Eingaben in dem Programmtext erfolgen.

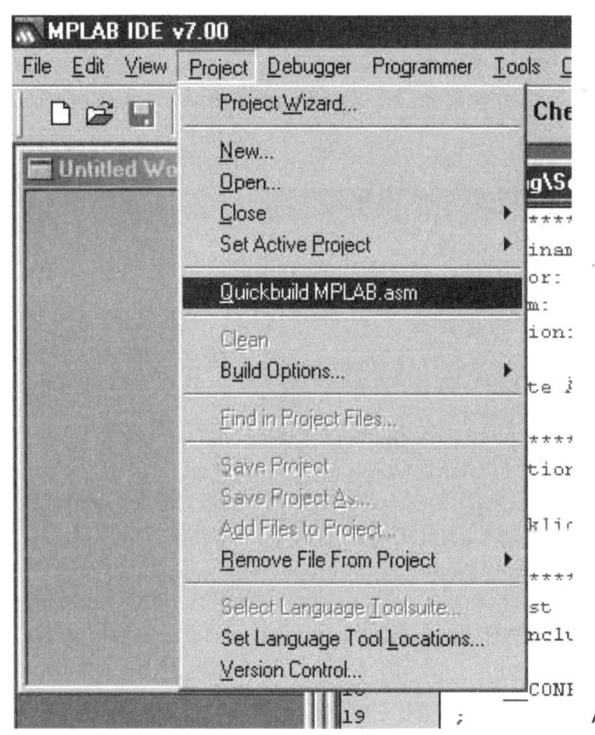

Abb. 10: Quickbuild

Was das Beispielprogramm bewirkt, ist im Kopf des Programms beschrieben. Es blinken die LED´s D0 und D1 abwechselnd in einem festen Takt. Der Inhalt des

Programms soll vorerst noch nicht interessieren, denn hier geht es um das Übertragen des Programms in den Controller.

Um den Quellcode nun in Maschinensprache zu übersetzen, wird in der Rubrik »*Project*« die Option »*Quickbuild MPLAB_6xx.asm*« gewählt. Sollte dort aber statt »*MPLAB_6xx.asm*« (*no .asm file*) stehen, ist das Fenster ...MPLAB_ 6xx.asm nicht aktiv. Dann muss einmal in das Fenster mit dem Programmcode geklickt werden, um es zu aktivieren.

Nachdem dann erfolgreichen Kompilieren des Quellcodes sollte das Fenster »*Output*« wieder im Vordergrund aktiv sein. Sind keine weiteren Fehler aufgetreten, so sollte in der letzten Zeile stehen: »*BUILD SUCCEEDED*«, sowie das aktuelle Datum und die Uhrzeit.

Dann kann der Controller mit den so erzeugten Daten gebrannt werden.

Sollte eine Meldung über nicht genügenden Arbeitsspeicher aufgetreten sein, hat man vermutlich die Datei nicht kopiert oder die Festplatte ist wirklich sehr voll.

Nun ist das Programm übersetzt und kann im nächsten Schritt in den Controller übertragen werden. Dazu wählt man in dem Menü »*Programmer*« -> »*Program Device*«.

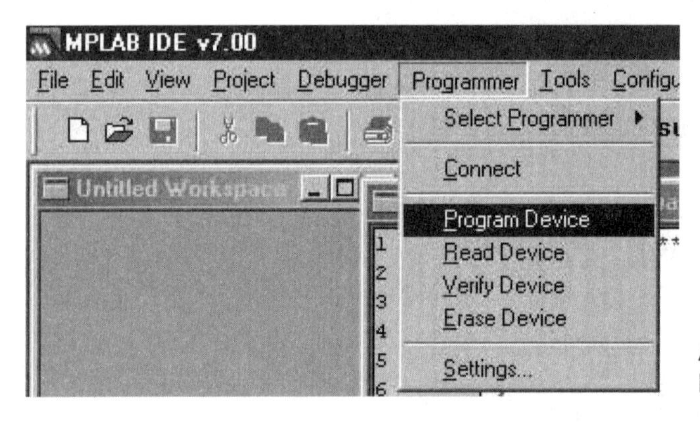

Abb. 11: Program Device

Mit dem Klick auf diese Menüzeile wird dann der Code in den Controller geschrieben. Unten links in MPLAB läuft dabei ein blauer Balken »*Programming*«. Wenn dieser Balken erlischt und im *OUTPUT*-Fenster die Meldung »*Program succeeded*« erscheint, ist das Brennen beendet. Auf dem PICkit 1 Board flackert/blinkt beim Brennen kurz die gelbe Leuchtdiode. Wenn der Vorgang richtig abgeschlossen wurde, dann sollten die beiden Leuchtdioden D0 und D1 auf dem PICkit 1 abwechselnd blinken.

Hiermit ist nun, hoffentlich, erfolgreich das erste Programm in den PIC 12F629 übertragen worden.

Im Prinzip ist das Brennen eines PIC-Mikrocontrollers also sehr einfach. Voraussetzung dafür ist lediglich eine Brennersoftware mit einem passenden Brenner und dass beides zu dem gewählten Controller passt. Der meiste Zeitaufwand wird eigentlich benötigt, um das Programm für den Controller überhaupt erst zu schreiben.

Wer möchte, kann alle Übungsaufgaben durchspielen, um das Brennen zu üben. Alle Übungsaufgaben sind ohne Änderungen lauffähig, müssen nur von der CD auf die Festplatte kopiert werden, da MPLAB sie sonst nicht verarbeiten kann.

Alle Windows-ähnlichen Funktionen von MPLAB, wie: speichern, verschieben, etc., sind an die Windows-Welt angelehnt und entsprechen dieser weitgehend. Einige Einstellungen davon kann man auch verändern.

Etwas, was aber nicht zum gleichen Effekt führt, ist ein Doppelklick auf ein Wort in der Editorzeile, um es zu markieren und dann zum Beispiel zu verschieben. Durch einen Doppelklick in eine Zeile wird ein Breakpoint für den Simulator gesetzt. Durch einen erneuten Doppelklick hebt man diesen Breakpoint wieder auf.

3.2 Der Editor

Wenn man sich nun das Beispiel »MPLAB« einmal in dem Editor anschaut, sieht man, dass die Schrift in verschiedenen Farben erscheint. Dies markiert verschiedene Arten von Texten. Die Zuordnung der Farben kann man durch einen Rechtsklick in das Fenster unter der Option »*Properties*« frei verändern. Alle folgenden Erklärungen beziehen sich aber auf die Grundeinstellung der Farben.

‚*grün*' wird die Schrift immer hinter einem ‚;' *Semikolon*. Bei dieser Art von Text handelt es sich immer um einen Kommentar des Programmierers. Dieser Teil hat keinen Einfluss auf das eigentliche Programm und wird zur Erläuterung des Progamms benutzt.

Tipp: Möchte man einmal eine Programmzeile deaktivieren ohne sie gleich zu löschen, reicht es aus, am Anfang der Zeile ein Semikolon zu setzen. Dann wird diese Zeile als Kommentar behandelt und nicht vom Compiler übersetzt.

Texte in ‚*lila*', sind Labels. Dabei handelt es sich um Wörter oder Abkürzungen für immer wiederkehrende Adressen oder Ausdrücke. Diese sind in der zu jedem

Controller existierenden »*.inc«-Datei zum Beispiel: »p12F629.inc« definiert. Als Beispiel nehme man nun »GPIO«.

Diese Abkürzung steht für die I/Os des Controllers und ist in dieser Datei als ‚5' definiert, denn dort steht:

```
GPIO   EQU   H'0005'
```

Das bedeutet, dass überall dort, wo »GPIO« steht, der Compiler bei der Übersetzung in den Maschinen-Code eine »5« einsetzt.

Wenn in einer Programmzeile steht:

```
BSF   GPIO,4      ; (setze Ausgang 4 = high)
```

könnte man also auch direkt schreiben:

```
BSF   5,4
```

Es ist schon nicht ganz einfach, den Assembler-Code ‚mit Labeln' zu lesen. Wobei dies dann ‚ohne Label' sicherlich noch schwerer zu lesen wäre, wenn man sich nicht wirklich täglich damit beschäftigen würde. Diese Abkürzungen verstehen sich als Hilfsmittel, die mitgeliefert werden. Der Einsatz von Labeln ist auch in jedem Programm zusätzlich individuell möglich, worauf später noch tiefer eingegangen wird.

‚Dunkelblau' und *‚fette'* Schrift – dies sind reservierte Wörter, meist nur Abkürzungen, wie zum Beispiel die 35 Befehle des PIC-Assemblers. Diese dürfen nicht anderweitig benutzt werden.

Dann gibt es noch für jede Zahlenart eine Farbe.

B'xxxxxxxx'	hinter dem B wird eine achtstellige binäre Zahl erwartet
H'xxxx'	hinter dem H wird eine vierstellige hexadezimale Zahl erwartet
D'xxx'	Dezimal, es wird eine 1-3-stellige Zahl von 0-255 erwartet

Wenn man sich das Ganze einmal anschauen und durch Ausprobieren verändern möchte, ist das kein Problem. Es gibt auch die Option »*Default Colors*«, damit setzt man alle veränderten Werte wieder zurück in die Grundstellung.

3.3 Die Konfigurations-Bits

Die »*Configuration Bits*« kann man unterschiedlich beeinflussen. Der beste Weg ist, die schon erwähnte Zeile mit in das Programm einzufügen. Sie können aber auch über einen Menüpunkt eingestellt werden.

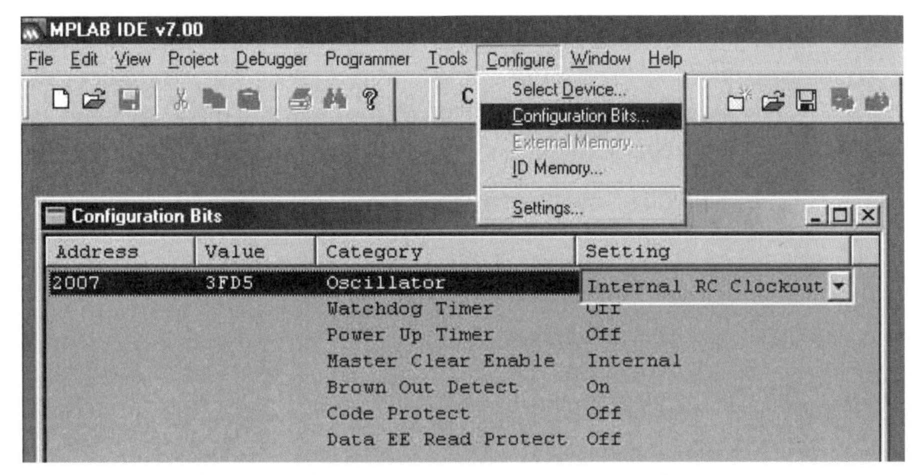

Abb. 12: Die Konfigurations-Bits zu den Aufgaben

Achtung: Die Abkürzungen für die Konfigurations-Bits für die Oszillator Einstellungen sind leider auch nicht einheitlich!

Weichen die hier getroffenen Einstellungen aber von den in einer Konfigurationszeile getroffenen Einstellungen eines Quellcodes ab, werden die Einstellungen durch die Werte der Konfig-Zeile im Programm beim Kompilieren ersetzt!

Eine weitere Information, die der Compiler zum Erstellen des Codes für den Controller benötigt, ist natürlich, welcher Controller eingesetzt werden soll. Dies geschieht mit der Anweisung »list p= 12F629«. Benutzt man einen anderen Controller, muss diese Zeile an den gewünschten Typ angepasst werden. Das gleiche gilt für die Zeile zum Einbinden der Datei <p12f629.inc> mit der ‚#include'-Anweisung, die auch immer an den gewünschten Controller angepasst sein muss.

```
;****************************************************************************************
list      p=12F629       ; "list" Anweisung zur Definition des Prozessors
#include <p12f629.inc> ; Einbinden der zum Controller gehörenden Variablen über die
                       ; Datei *.inc

 __CONFIG  _CP_OFF & _WDT_OFF & _BODEN_ON & _PWRTE_ON & _INTRC_OSC_NOCLKOUT & _MCLRE_OFF & _CPD_OFF
;
```

Abb. 13: Beispiel für einen PIC 12F629 und die für die Aufgaben benötigte Konfigurationszeile

4 Flussdiagramme, eine kleine Einführung

Flussdiagramme bestehen aus unterschiedlich geformten Zeichnungselementen und werden benutzt, um einen komplexen Ablauf auf vereinfachte Art graphisch darzustellen.

Jedes Element steht für eine bestimmte Funktion und beschreibt einen Verarbeitungsschritt. Die Elemente werden mit Pfeilen verbunden, die die Ablaufrichtung markieren.

Dies ist alles in einer DIN-Norm 66262 geregelt. Trotzdem sind gewisse Freiheiten in der Praxis üblich. Im Vordergrund steht die Vermittlung einer Idee (Programm Ablauf etc.) an einen anderen Personenkreis.

Die Symbole:

Anfang und Ende eines Flussdiagrames werden durch Ovale oder einem kleinen Kreis dargestellt

Dadurch haben alle Pfeile einen Start- oder Endpunkt und beginnen nicht im freien Raum.

Auch Zusammenführungen von verschiedenen Arbeitsrichtungen werden mit einem Kreis beschrieben. Diese werden aber auch gerne weggelassen, da sich dadurch das Zeichnen ohne eine passende Software erheblich vereinfacht.

Zusammenführung:

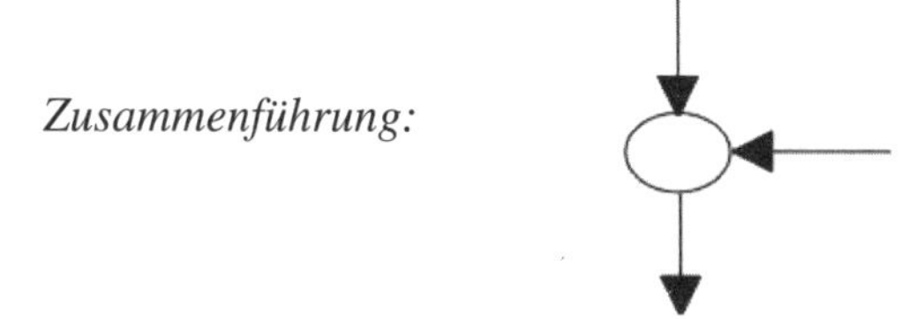

Anweisungen werden in kleine Kästchen geschrieben, wobei nur die entscheidenden Anweisungen erwähnt werden. Es wird meist kein Quellcode geschrieben.

Anweisungen:

Eines der wichtigsten Symbole ist ein Salmi, welches für Entscheidungen steht. An diesen Stellen findet im Programm eine Verzweigung statt. Dieser Entscheidung liegt in der Regel eine ‚Wahr’- oder ‚Falsch’-Logik zu Grunde. Natürlich gibt es auch andere Abfragen, zum Beispiel von »größer als« (‚>’), »gleich« (‚=’) und vieles mehr. Was es aber nicht gibt, ist die Abfrage »vielleicht«. Ein Controller kennt nur ja oder nein.

Eine Entscheidung hat einen eingehenden und zwei weiterführende Pfeile. Ein Pfeil steht für die Antwort: ‚JA’, der wird meist nach unten weitergeführt. Dieser Weg wird eingeschlagen, wenn die Bedingung der Entscheidung ‚WAHR’ ist. Die andere Antwort: ‚NEIN’ verzweigt meist nach rechts.

Ein Flussdiagramm ist meist so aufgebaut, dass die Hauptarbeitsrichtung von oben nach unten verläuft. Warte- und Zählschleifen liegen meist parallel. Ist die häufigste Antwort in einer Entscheidung ein ‚NEIN’ und das ‚JA’ würde ein Warten auf das ‚NEIN’ bedeuten, würde man es umgekehrt zeichnen: ‚NEIN’ nach unten und das ‚JA’ zur Seite. Auch können beide weiterführenden Pfeile zur Seite verzweigen. Im Vordergrund sollte die Lesbarkeit des Diagramms stehen.

Entscheidungen:

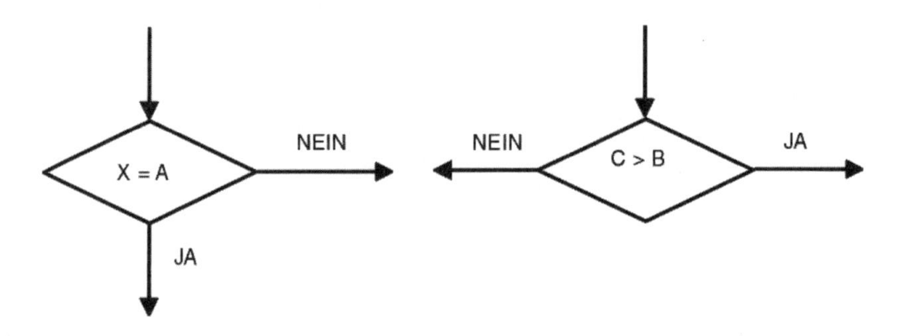

Dann gibt es noch ein Symbol, welches eine Sequenz oder einen definierten Prozess darstellt. Einfach ausgedrückt, würde ich es als ein Unterprogramm beschreiben, das in einem Block zusammengefasst wurde, da es häufiger verwendet wird oder selbst schon in einem eigenen Flussdiagramm dargestellt wurde. Manchmal ist es auch nur von geringer Bedeutung für den eigentlichen Prozess, wie zum Beispiel eine Zeitschleife. Sie wird in vielen Programmen benötigt, aber wie sie im Detail gelöst wird, ist meist für den Prozess, der mit dem Flussdiagramm beschrieben werden soll, nicht von Bedeutung.

Sequenz:

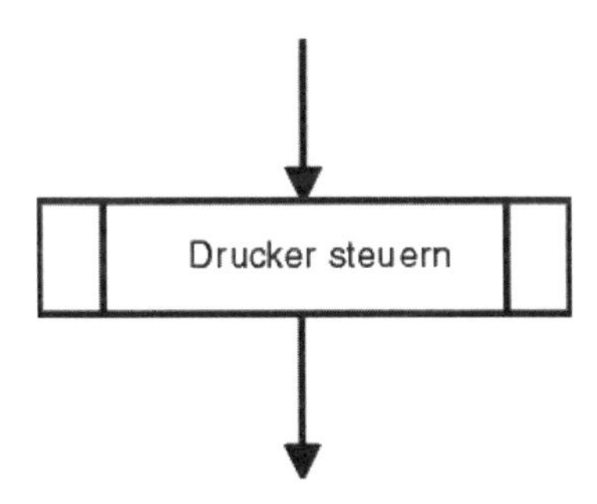

Wie eingangs schon erwähnt, gibt es zwar eine Norm, in der die Symbolik beschrieben wird, aber man wird in vielen Büchern und Veröffentlichungen Abweichungen dazu finden.

Wenn man selbst sein eigenes Projekt erst einmal in ein Flussdiagramm bringt, sollte man auch nicht zu stark an den Symbolen hängen, sondern versuchen, sich den Prozess damit graphisch verständlich zu machen. Es ist oft sehr hilfreich, sich sein Problem einmal aufzuzeichnen. Einige Informationen zu dem Thema folgen auch noch in den Aufgaben.

5 Die erste Übungsaufgabe

Die Test-Schaltung wurde bereits vorgestellt. Umgesetzt werden soll diese Aufgabe auch auf einem PIC 12F629. Auch hier gilt:

Wenn man eine Änderungen bedenkt, ist diese Lösung auch auf einem PIC 12F675 lauffähig. Wer nur einen 12F675 besitzt, möge bitte immer die Datei mit der Endung ..._675.asm benutzen.

Für die erste Aufgabe soll nun der Taster S1 und die Leuchtdiode D0 benutzt werden. Die von dem Mikrocontroller zu lösende Aufgabe ist sehr einfach. Der Controller soll nur bewirken, dass die eingehende Funktion vom Taster invertiert und wieder ausgegeben wird.

⇒ Taste frei = Leuchtdiode an; Taste gedrückt = Leuchtdiode erlischt.

In der Digitaltechnik wird diese Funktion, ein Inverter, mit folgendem Symbol dargestellt:

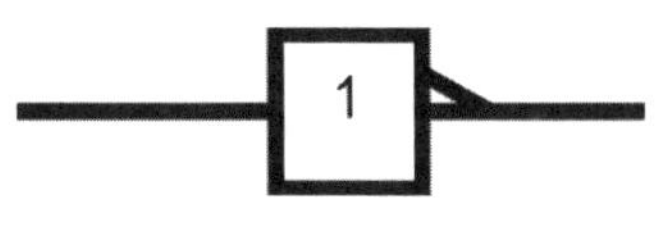

Dies ist sicher keine Herausforderung für den Controller oder einen Programmierer, aber an dieser Aufgabe lassen sich die Initialisierung, Struktur und die ersten Befehle des PIC-Assemblers gut erklären.

Ein Programm muss immer mit der Initialisierung des Controllers beginnen. Das muss zu einer eisernen Grundregel werden. Hier wird die Konfiguration, und die Zuordnung, welcher Pin welche Eigenschaft beim Starten des Controllers haben soll, festgelegt. Im Betrieb wird es bei dieser Aufgabe nicht erforderlich sein, die Funktionen der Pins zu ändern.

Für diese Aufgabe bedeutet es lediglich, dass der Pin GPIO3, an dem der Taster angeschlossen ist, ein Eingang sein muss und der Pin, an dem die LED liegt, als Ausgang definiert werden muss.

Achtung: Vom Prinzip und den ersten Gedanken her, ist die in Abb. 14 beschriebene Konfiguration richtig, aber reicht sie aus, um in **der vorgestellten** Schaltung eine LED zum Leuchten zu bringen? – **Nein, leider nicht!**
Hier sind immer **mehrere** Ausgänge für die Funktion **einer** Leuchtdiode zuständig!

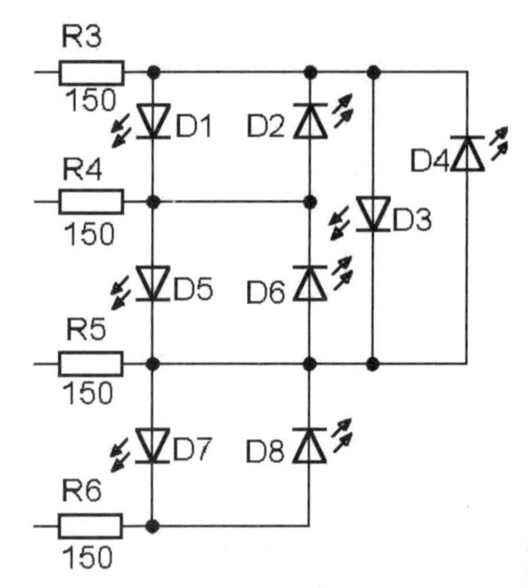

Abb. 14: Schaltplan der LEDs aus dem PICkit

In dieser Schaltung ist es so gedacht, dass GPIO4 und GPIO5 Ausgänge werden und der Strom für die Leuchtdiode von GPIO4 nach GPIO5 fließt. Dazu muss GPIO5 immer auf LOW bzw. 0 V bleiben und ein Wechsel an GPIO4 (5 V oder = 0 V) hat dann den gewünschten Einfluss (AN/AUS) auf die Leuchtdiode.

Wichtig: Es ist aber auch erforderlich, dass GPIO0 – GPIO2 hochohmig sind. Das erreicht man, indem man sie als Eingang definiert. GPIO3 muss selbstverständlich auch ein Eingang sein, denn an diesem liegt ja die Taste S1 an. Diese Definitionen schreibt man in das TRISIO-Register. Mit diesem wird bestimmt, ob ein Pin ein Ein- oder ein Ausgang ist. Eine 1 steht immer für einen Eingang und an der Stelle, wo eine ‚null' 0 steht, wird der Pin ein Ausgang. Dieses Register befindet sich in der Bank 1 des Controllers. Um dieses zu erreichen, muss im Status-Register das Bit PR0 gesetzt werden.

Das Gute an der Sache ist, es wird sich nicht bei jeder Aufgabe in diesem Umfang wiederholen. Es sind aber Grundlagen, die immer gleich ablaufen, egal, wie groß ein Programm wird. Nur, je mehr Pins ein Controller hat, umso mehr Register müssen vor der Betriebsaufnahme beachtet werden. Von Aufgabe zu Aufgabe ändern sich teilweise nur die Werte, die in diese Register geschrieben werden müssen.

Hier folgt nun ein solcher Initialisierungsablauf, zugeschnitten auf die Aufgabe 1 mit dem PIC 12F629.

```
                ; Initialisierung des Controllers

1. Zeile            bsf      STATUS,RP0       ; Statusregister setze PR0 -> Auswahl Bank 1
2. Zeile            call     0x3FF            ; Laden des Kalibrierungswertes aus der letzten Speicherstelle
3. Zeile            movwf    OSCCAL           ; Neuladen der Kalibrierungswerte für den internen Takt

5. Zeile            movlw    B'00001111'      ; Konfigurieren der Ports zur Steuerung von D0
6. Zeile            movwf    TRISIO           ; Schieben des geladenen Wertes in das Register TRISIO
7. Zeile            bcf      STATUS,RP0       ; Statusregister lösche PR0 -> Auswahl Bank 0

8. Zeile            clrf     INTCON           ; Abschalten aller Interrupts und Löschen der Flags
9. Zeile            clrf     GPIO             ; Löschen aller Ausgänge
```

Abb. 15: Programmausschnitt zum Initialisieren eines PICs 12F629

Was bedeutet denn nun welche Buchstabenkombination?

Etwas, was man als Anfänger gerne vernachlässigt, ist die Dokumentation. Das passiert einem aber nicht nur als Anfänger. Wie schon im Kapitel MPLAB erwähnt wurde, ist alles das, was hinter einem Semikolon steht, nur zur Information des Programmierers gedacht. Ein Mikrocontroller will das alles gar nicht wissen. Für ihn ist es viel eindeutiger, wenn es heißt:

```
bsf    STATUS,RP0       ; Setze im Statusregister das Bit 0
```

Durch diese Zeile wechselt der Controller in die Bank 1. Der erste Schritt ist getan und schon kommt wieder etwas Undurchsichtiges: Die nächste (also die 2.) Zeile ist durch den Hersteller vorgegeben worden. Mit dieser Zeile wird der interne Oszillator kalibriert. Das ist eben so und ändert sich nicht. Diese Kalibrierung ist natürlich nur erforderlich, wenn der Oszillator, wie in dieser Aufgabe, auch benutzt wird. Wer mehr zu diesem Thema wissen möchte, möge bitte in das Datenblatt schauen. In der dritten Zeile werden die Pins nun konfiguriert:

```
movlw   B'00001111'     ; Lade Konstante B'00001111' ins W-Register
```

In der Zahlenfolge, die hier die Konstante stellt, ist nun die gewünschte Konfiguration für den Controller beschrieben. Natürlich lesen Controller nicht von links nach rechts.

Das Bit null ist rechts und die Wertigkeit steigt nach links von null bis sieben an.

Achtung: Auch wenn nur sechs Pins beschrieben werden sollen, müssen hier aber acht Werte bei Binärschreibweise stehen! Sonst ‚schimpft' der Compiler.

Der Controller arbeitet immer mit acht Bit, also erwartet der Compiler acht Stellen in der Binärschreibweise. Die oberen zwei Werte haben aber keinen Einfluss auf die Funktion.

Hier noch einmal das, was im Text beschrieben wurde, in einer Tabelle zusammengefasst:

Pin 12F629								
Port	GIOP 0	GIOP 1	GIOP 2	GIOP 3	GIOP 4	GIOP 5		
Bit	7	6	5	4	3	2	1	0
Wert	1	1	1	1	0	0	0	0
Eigenschaft	Eingang	Eingang	Eingang	Eingang	Ausgang	Ausgang	x	x

Abb. 16: Tabelle zur Pin-Definition für den PIC 12F629 in Aufgabe 1

In der nächsten Programmzeile wird mit dem Befehl »movwf« das TRISIO-Register beschrieben:

```
movwf  TRISIO      ; Schiebe den Inhalt des W-Registers nach ‚TRISIO'
```

Mit dieser Zeile wird nun die Arbeitsrichtung der Pins festgelegt. Nun weiß der Controller, wie er sich nach außen hin verhalten soll. Dies kann aber jederzeit im Betrieb wieder geändert werden, was aber erst in einer der folgenden Aufgaben Thema werden wird.

In der nächsten Zeile wird das Bit RP0 wieder gelöscht. bcf,x -> Lösche das angegebene Bit. Jetzt befindet sich der Controller wieder in der Bank 0.

Es werden noch schnell alle Interrupts gesperrt und die Ausgänge auf ‚null' 0 gesetzt.

‚clrf' löscht immer das ganze angegebene Register mit allen acht Bits, im Gegensatz zu dem Befehl ‚bcf', welcher nur ein bestimmtes Bit in dem angegebenen Register löscht. Die letzte Zeile löscht alle Ausgangsbits, so dass die Ausgänge alle null Volt haben.

Nun aber zum eigentlichen Programm, welches das Invertieren des Schalters bewirken soll.

Der Ablauf des Programms ist in dem folgenden Flussdiagramm dargestellt.

Taste betätigt -> LED aus; Taste nicht betätigt -> LED an

Mit einem Flussdiagramm soll die Struktur eines Programms graphisch anschaulich gemacht werden. Ein Salmi stellt immer eine bedingte Verzweigung dar, an der der Controller eine Entscheidung treffen soll, auf welchem Weg er dann weiterzuarbeiten hat.

Hier ist es die Entscheidung: »Taster betätigt«. Der Controller soll hier testen, ob die Taste betätigt wird. Bei »JA« soll er den Weg »LED AUS« gehen. Sonst soll er den Weg »LED AN« gehen.

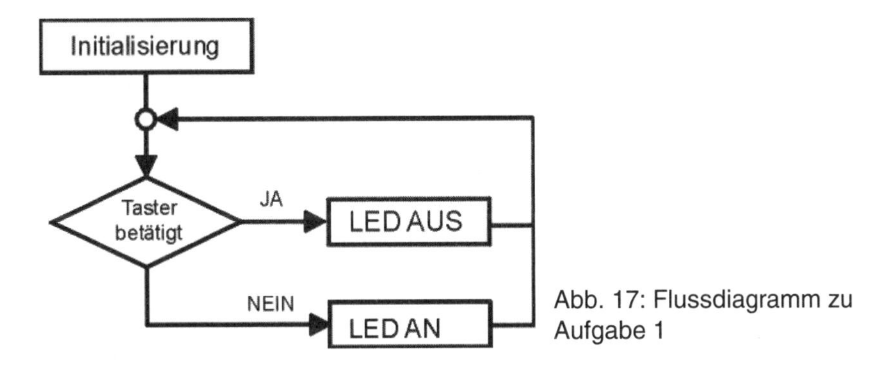

Abb. 17: Flussdiagramm zu Aufgabe 1

Die Initialisierung ist, wie bereits erklärt, etwas, was jedes Mikrocontroller-Programm benötigt.

Kommen wir nun zur eigentlichen Aufgabe des Controllers. Das Invertieren der Funktion der Taste am Eingang GPIO3. Das Programm besteht nur aus sechs Zeilen. Hier nun der Quellcode für das Programm zur Aufgabe 1

```
HAUPT           ; Label »HAUPT« mögliches Sprungziel
   btfss GPIO,3 ; Abfragen des Einganges GPIO3, ob Taster gedrückt wird
   goto  ja     ; Wenn Taste gedrückt, springe zur Marke »ja«
nein            ; Label »nein« mögliches Sprungziel
   bsf   GPIO,4 ; Einschalten der LED D0 durch das Setzen von BIT 4 (GPIO4)
   goto  HAUPT  ; Und wieder von vorne!
ja              ; Label »ja« mögliches Sprungziel
   bcf   GPIO,4 ; Löschen der LED D0 durch das BIT 4
   goto  HAUPT  ; Und wieder von vorne!
   end
```

Abb. 18: Programmtext zur Aufgabe 1

Das Herz des Programms ist das Salmi, die Entscheidung. Diese trifft bei einem PIC Controller oft die Befehle BTFSS oder BTFSC. Dies sind zwei Takte dauernde Befehle. Bei BTFSS wird das angegebene Bit, in diesem Fall ist es der Eingang GPIO3, abgefragt, ob es gesetzt ist. Ist dies der Fall, wird der folgende Befehl übersprungen. BTFSC hat die umgekehrte Funktion, hier wird abgefragt, ob das Bit nicht gesetzt ist.

Das Listing (Programm) zur Aufgabe 1 liest sich hier leichter, als es manchmal in der Praxis sein wird. Es kann schon mal zu Verwirrungen führen, wenn man ein Programm liest. Wird nun bei »high« oder bei »low« der Taste gesprungen?

Da hilft nur eine gute Dokumentation. In unserem Fall bedeutet es, dass, wenn die Taste betätigt wird, der Befehl »GOTO ja« übersprungen wird. Der Befehl GOTO ist ein direkter Sprung zu dem dahinter angegebenen Label oder Adresse, der auch zwei Taktzyklen benötigt.

BCF und BSF sind ja schon von der Initialisierung her bekannt. BCF löscht das angegebene Bit und BSF setzt das angegeben Bit, um die Leuchtdiode zu schalten.

Der aufmerksame Leser hat es sicher schon gemerkt: der Schalter liefert bei Betätigung eine ‚null' 0 / LOW am Eingang GPIO3. Elektrisch gesehen findet hier eigentlich gar kein Invertieren statt. Es wird nur die Funktion: »Taste drücken« -> Licht an, wie es in den meisten Fällen üblich ist, invertiert. Hier ist es: »Taste drücken« -> Licht aus.

Die Aufgabe soll in erster Linie darauf aufmerksam machen, welche Signale der Taster in welcher Stellung liefert. In der Ruhestellung liegt am Eingang GPIO3 des Controllers ein HIGH = 5 V an. Wird die Taste betätigt, wechselt der Pegel am Eingang auf LOW = 0 V.

Dies sollte man sich für das Arbeiten mit der Testplatine gut merken, da es sonst eventuell zu Verständnisproblemen bei der Abfrage des Tasters bei späteren Aufgaben kommen kann. Vor allem bei der Betrachtung der bedingten Sprungbefehle, wie BTFSS etc. Außerdem sollte man sich auch für die weiteren Aufgaben die etwas komplexere Ansteuerung der Leuchtdioden einprägen. Die Leuchtdioden und deren Ansteuerung werden in dem Buch eine große Rolle spielen.

Zusammenfassung:

- Initialisierung von Pins
- Arbeitsweise des Tasters
- Besonderheiten der Leuchtdioden-Ansteuerung
- Erste Befehle

Um aber nun nicht jeden Befehl einzeln in den Aufgaben auf diese Art und Weise erklären zu müssen, folgt nun leider wieder ein Kapitel trockener Theorie. Es werden alle 35 Befehle des PIC-Assemblers in alphabetischer Reihenfolge erklärt. Die alphabetische Reihenfolge soll das spätere Nachschlagen beim eigenen Erstellen von Programmen erleichtern, wenn man sich zum Beispiel beim Ausprobieren der noch folgenden Aufgaben zwischendurch vergewissern will.

Eine Liste mit allen 35 Befehlen als Zusammenfassung gibt es einmal am Buchende und auch auf der zum Buch dazugehörigen CD in dem Ordner ‚Doku' als PDF-Datei zum Ausdrucken.

6 Der PIC Assembler

In diesem Kapitel sollen nun alle 35 Befehle des PIC-Assemblers erklärt werden. Dazu gehört, welche Flags durch einen Befehl im Status-Register beeinflusst werden könnten und wie sich die Befehle auf die benutzten Universalregister auswirken. Das wird sich sicher sehr trocken lesen lassen, aber es lässt sich leider nicht umgehen. Zu jedem Befehl gibt es dann ein kurzes Beispiel, wie der Befehl in einem Programm stehen könnte oder geschrieben werden müsste.

Was einerseits ein großer Vorteil der PIC-Mikrocontroller ist, ist die geringe Anzahl der zu lernenden Befehle. Auf der anderen Seite ist dies aber auch ein gewisser Nachteil, denn manche Dinge, die man selbst von dem billigsten Taschenrechner erwartet, müssen hier mit erheblichem Aufwand von einem selber programmiert werden, um sie zu realisieren. Dazu gehört vor allem das Rechnen und im Speziellen die Division von Zahlen. Bei der Multiplikation ist es noch nicht ganz so schlimm, solange das Ergebnis kleiner als 255 bleibt.

Bei Zahlen mit verschiedenen Vorzeichen, oder auch solchen mit Kommastellen, sollte man es erst gar nicht in Assembler versuchen. Hier sollte man möglichst auf sogenannte Hochsprachen, wie »C« oder Ähnliches, ausweichen. (Zu diesem Thema bietet Microchip auch einige Technical Notes im Internet an.)

Außerdem gibt es auch noch andere Hersteller, die Demos im Internet anbieten, welche ohne Probleme in MPLAB eingebunden werden können. Zum Beispiel von der Firma B Knudsen Data aus Trontheim, die im Internet eine freie Version ihres CC5x C Compilers zur Verfügung stellt. Mit dieser Version ist es möglich, Programme mit bis zu 1024 Befehlen zu schreiben, was für einen Einstieg locker reicht.

Assembler hat seine Stärken in der ‚Hardware-Nähe'. Mit ihm ist es sehr leicht, die Ein- und Ausgänge eines Controllers abzuarbeiten und die Ergebnisse wieder auszugeben.

Auch wenn die Controller immer schneller werden und die Grenzen sinken, ist Assembler bei dem Schlagwort »echtzeitfähig« in der Computertechnik auch immer noch ein Thema. Aber auch hier geht es immer um hardwarenahe Probleme, die extrem schnelle Reaktionen der Geräte auf meist externe Ereignisse erfordern.

Wofür man sich langfristig entscheidet, sollte jeder für sich entscheiden. Man kann auch gut mit einer Kombination aus beidem, Assembler und Hochsprache, in einer Aufgabe arbeiten.

Bevor es aber nun an die Befehle geht, sollen hier noch ein paar besondere Register und Bits vorgestellt werden, mit denen es möglich ist, den Controller Entscheidungen treffen zu lassen. Zum Beispiel, wenn etwas ‚null' wird, oder wenn ein »Überlauf« auftritt. Es muss ja nicht nur ein externes Ereignis sein, auf das der Controller reagieren soll.

6.1 Das W-Register

Das ‚W-Register' ist das Arbeitsregister des Controllers, weswegen es oft auch als solches bezeichnet wird. Alle Operationen, die für die Ausführung ein zweites Register benötigen, arbeiten in Verbindung mit dem W-Register. Soll zum Beispiel etwas verglichen werden, wird im ersten Schritt ein Wert in das W-Register geladen und im nächsten Schritt kann der Wert eines anderen Registers dann mit diesem Wert im W-Register verglichen werden. Am Ende des Vergleiches kann man wählen, ob das Ergebnis im W-Register oder im zweiten Register abgelegt wird.

Liest man die Zustände der Eingänge eines Controllers, steht dieses Ergebnis auch im W-Register. Benötigt man diesen Wert später wieder, muss er als erstes in ein anderes Register gerettet werden, da er im nächsten Schritt sonst schon wieder überschrieben werden könnte.

6.2 Das Carry-Bit

Das Verhalten des Carry-Bits ist recht einfach, es wird immer dann gesetzt, wenn ein Überlauf auftritt. Nur, was ist als ein »Überlauf« definiert?

Zu Deutsch: Wann wird es gesetzt und wann nicht ?

Das Carry-Bit wird immer dann gesetzt, wenn das Arbeitsregister (das W-Register) von B'11111111' nach B'00000000' wechselt, oder umgekehrt. Ob dies in Dezimal oder Hexadezimal definiert ist und hier der Übertrag an anderen Stellen erfolgt, ist egal. Der Controller arbeitet binär mit acht Bits. Alles andere ist nur eine andere Darstellung für den Programmierer. Das Carry-Bit symbolisiert dabei einen Übertrag in ein nächstes Register. Ähnlich wie beim Kopfrechnen: »...ich habe dann einen im Sinn!«

Achtung: Dies ist auch der Fall, wenn das Ergebnis ‚null' 0 ist.

Man könnte es so betrachten:

5+5 sind 0 und Carry -> die Zehnerstelle steht im Carry-Bit. Dies wäre sicher schön, ist aber leider nicht so. Hier tritt leider kein Überlauf auf. Ein 8-Bit Register läuft bei dezimal 255 über!

Also zum Beispiel:

4 – 5 = 255 und Carry-Bit gesetzt

W-Register	=	B'00000100'
– zweites Register	=	B'00000101'
= W-Register	=	B'11111111' und Carry = 1

Aber auch 250 + 10 = 5 führt zu einem Überlauf in dem Ziel-Register und das Carry-Bit wird gesetzt.

Dies entspricht leider nur nicht unserem Dezimalsystem und erfordert deshalb besondere Lösungen bei vielen Rechnungen. Eine Lösung ist zum Beispiel, jede Stelle einer möglichen Zahl alleine in einem Register zu verarbeiten. Eine vierstellige Zahl benötigt dann vier Register. Um Register zu sparen, kann man auch zwei Zahlen in einem Register verarbeiten. Eine Zahl steht dann in den oberen 4-Bits und die zweite Zahl in den unteren 4-Bits. Hier kann man Überläufe mit dem Hilfs-Carry-Bit erkennen. Es signalisiert den Überlauf zwischen den oberen und den unteren vier Bits.

Hochsprachen sind in diesem Fall dem Assembler überlegen, da die Verwaltung des Carry-Bits von der Hochsprache gelöst wird. Aber bei kleinen ganzen Zahlen hält sich der Aufwand in Grenzen und ist mit einfachen Abfragen zu lösen. Im Kapitel »Tipps und Tricks« wird ein Lösungsansatz zum Rechnen mit ganzen Zahlen beschrieben.

6.3 Verhalten des Zero-Bits

Wann wird es gesetzt und wann nicht?

Das Zero-Bit wird nur gesetzt, wenn das Ergebnis gleich ‚null' 0 ist.

Dies gilt nicht nur für Rechenoperationen, sondern auch für Vergleiche oder Verknüpfungen von Registern.

Beispiele:

4 – 4 = 0 Carry und Zero -> beide Bits werden gesetzt!

4 – 5 = -1 nur Carry wird gesetzt, auch wenn Null durchlaufen wurde!

Es gilt immer: Ist nach einer UND- oder ODER-Verknüpfung im Ergebnis-Register kein Bit gesetzt, wird auch das Zero-Bit gesetzt. Dies wird noch deutlicher im Zusammenhang mit den Befehlen, die das Zero-Bit beeinflussen, erklärt.

Achtung: Das Zero-Bit wird auch nach dem Löschen eines Registers gesetzt!

6.4 Lesen von Registern, wo ist das Bit ‚null' 0 ?

Dies ist eine Sache, an die man sich einfach gewöhnen muss: Nämlich dass der PIC (und auch viele andere Controller) hier entgegen unserer gewohnten Lese-Richtung arbeiten. Hier schleichen sich immer wieder Fehler ein und man wundert sich, weswegen das Programm nicht funktioniert: Weil man mal wieder nicht mit ‚null' 0 begonnen hat, oder auf der falschen Seite angefangen hat, zu zählen.

Dies passiert vor allem dann, wenn man sich nur gelegentlich mit den PICs beschäftigt und einem die Übung fehlt.

Hier mal an einem Beispiel dargestellt:

```
MOVLW     B'11001010'     ; Wert wird geladen
MOVWF     GPIO            ; Ausgabe an Port GPIO
```

Welche Ausgänge am Port GPIO sind nun ‚high' (an) und welche ‚low' (aus)?

Hier ist es sehr hilfreich, wenn man sich die verschiedenen Möglichkeiten der Eingabeformen von Zahlen zunutze macht. Es schadet nicht, wenn man in einem Programm nicht einheitlich arbeitet. Man sollte immer die für die Situation beste Schreibweise wählen. Hier ist die binäre Schreibweise sehr hilfreich. Man sieht anhand des Wertes die Zustände der Ausgänge, welche ‚high' und ‚low' sind, und muss diese nicht erst umrechnen.

Bit	7	6	5	4	3	2	1	0
PortB	1	1	0	0	1	0	1	0
Ausgang	AN	AN	AUS	AUS	AN	AUS	AN	AUS

Das gleiche Ergebnis erhält man auch beim Benutzen der Hex-Schreibweise: ‚XX'h

```
MOVLW     CAh      ; Maske wird geladen
MOVWF     GPIO     ; Ausgabe an Port GPIO
```

oder mit Dezimalwerten: D'xxx'

```
MOVLW     D'202'   ; Maske wird geladen
MOVWF     GPIO     ; Ausgabe an Port GPIO
```

Leider ist es hier bei diesen Schreibweisen ungleich schwerer, als ungeübter Programmierer auf den gesetzten Ausgang zu schließen.

Natürlich ist es aber einfacher, bei Rechnungen mit den gewohnten Dezimalwerten zu arbeiten. Was die gesamte Arbeit vereinfacht, ist, dass auch eine Kombination der Eingabeformen jederzeit möglich ist. So kann ein Binärwert mit einem Dezimalwert addiert oder auch verglichen werden. Bei der Programmierung muss nur auf die korrekte Schreibweise der Eingabe geachtet werden und man muss sich über das Ergebnis, welches immer ‚binär' im Register steht, im Klaren sein.

Achtung: Auch wenn man mit zwei dezimalen Werten arbeitet, treten im PIC-Controller die Überträge nach den binären Regeln auf!

6.5 Die Schreibweise von Befehlen

Die Schreibweise von Befehlen im Programm-Editor ist egal. Der Compiler ist so angelegt, dass er mit großen und kleinen Buchstaben umgehen kann. Selbst eine gemischte Schreibweise, von kleinen und großen Buchstaben führt nicht zu einer Fehlermeldung. Dass der Compiler den Befehl erkannt hat, merkt man immer daran, dass sich bei der Eingabe dann die Farbe der Schrift geändert hat.

Auch gibt es noch einige weitere spezielle Befehle. Diese basieren aber alle auf den hier vorgestellten 35 Hauptbefehlen. Es sind lediglich Kurzschreibweisen für sehr häufig vorkommende Befehlsstrukturen, um Schreibarbeit zu sparen und gegebenenfalls die Lesbarkeit von Programmen zu erhöhen.

Hier sei nur ein Beispiel erwähnt:

```
movfw  Zielregister      (Wie zum Beispiel in Aufgabe 9: »movfw  einer«)
```

Dies ist die Kurzschreibweise für »movf f,d« und bewirkt nichts anderes, als die Zeile:

```
movf   Zielregister,0
```

...was bedeutet: Verschiebe den Inhalt des angegebenen Zielregisters in das W-Register.

Dazu gibt es weitere Befehlsvarianten, die jeweils wie ein Macro aufgebaut sind, was wiederum ähnlich wie ein Unterprogramm arbeitet.

6.6 Legende zum Assembler

k	Konstante oder Label
d	Ziel
f	Registeradresse
W	W-Register / Arbeitsregister
C	Carry-Bit
DC	4 Bit Überlauf / Hilfscarry
Z	Zerobit
TO	Time-out Bit
PD	Power-down Bit
PC	Programm Counter / Zähler
H'....'	Angabe in Hex oder auch 0x..
D'...'	Angabe in Dezimal
B'........'	Angabe in Binärschreibweise
variable	ein beliebiges Register im Controller

6.7 Die verschiedenen Zahlensysteme im Vergleich

Dezimal	*Hex*	*Binär*
0	00	0000
1	01	0001
2	02	0010
3	03	0011
4	04	0100
5	05	0101
6	06	0110
7	07	0111
8	08	1000
9	09	1001
10	0A	1010
11	0B	1011
12	0C	1100
13	0D	1101
14	0E	1110
15	0F	1111
16	10	10000
17	11	10001
...	...	...

6.8 Die Befehle

ADDLW Addiere die Konstante und das W-Register

Schreibweise: ADDLW k $0 \leq k \leq 255$

Mögliche Status-Veränderungen: C, DC, Z

Beschreibung: Der Inhalt des W-Registers wird mit den 8-Bit der Konstanten k addiert und das Ergebnis steht anschließend im W-Register.

Das Zero-Flag wird gesetzt, wenn das Ergebnis der Operation ‚null' 0 ist. Da es sich hier um eine Addition handelt, kann es auch oft sinnvoll sein, die Konstante als Dezimalzahl anzugeben.

Beispiel:

```
; Inhalt des W-Register ist 0xE3
        ADDLW   0x22
; Das W-Register enthält nach dem Ausführen der Operation den Wert 0x05
         11100011  W-Register
        +00100010  Konstante
1 ←      00000101  Carry gesetzt ← Das Ergebnis in W
```

Das Hilfscarry-Bit wird nicht gesetzt, da es zu keinem Übertrag zwischen den unteren und den oberen 4 Bits gekommen ist.

ADDWF Addiere W und das angegebene Register

Schreibweise: ADDWF f,d $0 \leq f \leq 127$ $d \varepsilon [0,1]$

Mögliche Status-Veränderungen: C, DC, Z

Beschreibung: Addiert den Inhalt des W-Registers mit dem angegebenen Register 'f'. Ist 'd' gleich ‚null' 0, steht das Ergebnis im W-Register. Ist 'd' gleich ‚eins' 1, wird das Ergebnis in 'f' gespeichert.

Beispiel:

; Inhalt des W-Register ist 0x07, **variable** = 0x09

ADDWF **variable**,1

Es wird bei diesem Beispiel nur das Hilfscarry-Bit 'DC' gesetzt, da nur ein Übertrag zwischen den unteren und den oberen 4 Bits stattgefunden hat.

variable enthält nach dem Ausführen dieser Operation den Wert 0x11. Der alte Inhalt von **variable** ist überschrieben worden und steht jetzt nicht mehr zur Verfügung.

Würde als Befehl stehen:

ADDWF **variable**,0

Jetzt würde das Ergebnis der Operation im Arbeitsregister W stehen. Der Inhalt aus **variable** steht unverändert weiterhin zur Verfügung.

ANDLW UND-Verknüpfung der Konstante mit dem W-Register

Schreibweise: ANDLW k $0 \leq k \leq 255$ $d \varepsilon [0,1]$

Mögliche Status-Veränderungen: Z

Beschreibung: Die Konstante ‚k' wird mit dem Inhalt des W-Registers UND-verknüpft. Das Ergebnis steht anschließend im W-Register.

Hier ist es hilfreich, für die Konstante die Bit-Schreibweise zu benutzen, so dass man sich das Ergebnis leichter vorstellen kann.

Beispiel:

```
; Inhalt des W-Register ist B'00001111'
        ANDLW   B'01110110'
; Das W-Register enthält nach dem Ausführen der Operation den Wert 0x06
        00001111   W-Register
        01110110   Konstante
        00000110   Das Ergebnis im W-Register
```

Das Zero-Bit wird nur gesetzt, wenn das Ergebnis ‚null' 0 ist, das heißt: im W-Register muss B'00000000' stehen, damit das Zero-Bit gesetzt wird.

Dieser Befehl kann zum Beispiel benutzt werden, um bestimmte Bitmuster zu erkennen. Die Maske muss dabei so gewählt werden, dass das Ergebnis ‚null' 0 ergibt und das Zerobit gesetzt wird. Mit dem folgenden Befehl kann dann das Zero-Bit getestet werden, aufgrund dessen eine Entscheidung durch den Controller getroffen werden kann.

Wahrheitstabelle zu einem UND-Gatter:

Ergebnis	IN 1	IN 2
0	0	0
1	1	1
0	0	1
0	1	0

ANDWF UND-Verknüpfung des Registers mit dem W-Register

Schreibweise: ANDWF f,d $0 \leq f \leq 127$ $d \; \varepsilon \; [0,1]$

Mögliche Status-Veränderungen: Z

Beschreibung: Das ausgewählte Register ‚f' wird mit dem Inhalt des W-Registers UND-verknüpft. Das Ergebnis steht anschließend – abhängig von ‚d' – bei ‚d' gleich ‚null' 0 im W-Register oder bei ‚d' gleich ‚eins' 1 im Register ‚f'.

Beispiel:

; Inhalt des W-Register ist B'00001111'
; Inhalt von **variable** ist B'11111111'

ANDWF **variable**,0

Das W-Register enthält nach dem Ausführen der Operation den Wert 0Fh

00001111	W-Register
11111111	**variable**
00001111	Das Ergebnis im W-Register

Das Zero-Bit wird gesetzt, wenn das Ergebnis ‚null' 0 ist.

Würde als Befehl stehen:

ANDWF **variable,1**

...stünde das Ergebnis nicht im W-Register sondern im Register ‚f' mit dem Namen **variable**.

BCF Lösche Bit f

Schreibweise: BCF f,b $0 \leq f \leq 127$; $0 \leq b \leq 7$

Mögliche Status-Veränderungen: keine

Beschreibung: Das angegebene Bit in dem angesprochenen Register wird gelöscht.

Beispiel:

BCF **variable**,4

11111111	Register »**variable**«
11101111	Register »**variable**« nach dem Befehl
76543210	Die Bits zur Orientierung

Durch Ausführung dieses Befehls wird das Bit an der Position vier in dem Register »**variable**« gelöscht. War das Bit nicht gesetzt, hat dieser Befehl bei seiner Ausführung keine Wirkung, außer dass ein Taktzyklus für die Ausführung benötigt wird.

BSF Setze Bit f

Schreibweise: BSF f,b $0 \leq f \leq 127 ; 0 \leq b \leq 7$

Mögliche Status-Veränderungen: keine

Beschreibung: Das angegebene Bit in dem angesprochenen Register wird gesetzt.

Beispiel:

BSF **variable**,4

00000000	Register »**variable**«
00010000	Register »**variable**« nach dem Befehl
76543210	Die Bits zur Orientierung

Durch Ausführung dieses Befehls wird das Bit an der Position vier im dem Register »**variable**« gesetzt. War das Bit bereits gesetzt, findet keine Veränderung statt.

BTFSS Bit testen; springe, wenn gesetzt

Schreibweise: BTFSS f,b $0 \leq f \leq 127$; $0 \leq b \leq 7$

Mögliche Status-Veränderungen: keine

Beschreibung: Bei dem angegebenen Bit in dem angesprochenen Register wird getestet, ob es gesetzt ist. Wenn ja, wird der nachfolgende Befehl übersprungen.

Beispiel:

```
; Irgendwo im Programm

START
          BTFSS   variable,4
          GOTO    START
          NOP
          ...
```

Ist das Bit 4 in **variable** gesetzt (=1), wird der GOTO-Befehl übersprungen und der übernächste Befehl abgearbeitet.

Ist das Bit nicht gesetzt (=0), wird nicht gesprungen und der GOTO-Befehl ausgeführt.

Hiermit ist es möglich, bedingte Sprünge oder Aufrufe von Unterprogrammen zu programmieren.

Achtung: Die Ausführung dieses Befehls benötigt manchmal einen oder manchmal auch zwei Taktzyklen.

BTFSC Bit testen; springe, wenn nicht gesetzt

Schreibweise: BTFSC f,b $0 \leq f \leq 127 ; 0 \leq b \leq 7$

Mögliche Status-Veränderungen: keine

Beschreibung: Das angegebene Bit in dem angesprochenen Register wird getestet, ob es nicht gelöscht (=0) ist. Wenn dies der Fall ist, wird der nachfolgende Befehl übersprungen.

Beispiel:

```
START
        BTFSC       variable,4
        GOTO        START
        NOP
        ...
```

Ist das Bit 4 in **variable** gelöscht (=0), wird der GOTO-Befehl übersprungen und der übernächste Befehl abgearbeitet.

Ist das Bit gesetzt (=1), wird nicht gesprungen und der GOTO-Befehl ausgeführt.

Hiermit ist es möglich, bedingte Sprünge oder Aufrufe von Unterprogrammen zu programmieren.

Achtung: Die Ausführung dieses Befehls benötigt manchmal einen oder manchmal auch zwei Taktzyklen.

CALL Aufruf eines Unterprogramms mit Name k

Schreibweise: CALL k $0 \leq k \leq 2047$

Mögliche Status-Veränderungen: keine

Beschreibung: Unterprogramm-Aufruf. Nach Beendigung des Unterprogramms wird auf die dem Aufruf folgende Adresse zurückgesprungen.

Dort wird die Abarbeitung des Programms fortgesetzt.

Achtung: Dies ist ein Befehl, der immer zwei Takte benötigt.

Beispiel:

```
; Irgendwo im Programm
        CALL    UNTER
        ADDLW   23h
        ...

UNTER
        NOP
        ...
        RETURN                ; Rücksprung aus dem Unterprogramm
```

Diese Abfolge sollte immer dann benutzt werden, wenn ein Teil des Programms öfters benötigt wird. Zum Beispiel für Ausgaben an ein Display, Zeitschleifen oder Ähnliches.

Es ist auch oft sinnvoll, das Hauptprogramm in viele kleine Unterprogramme zu zerlegen. Diese werden dann aus dem Hauptprogramm aufgerufen, was die Arbeit erleichtert, da die Teilprogramme oft auch schon alleine getestet werden können.

Unterprogramme müssen organisatorisch im Editor hinter dem Hauptprogramm stehen, da es sonst zu Compilerfehlern kommen kann.

Programmstruktur:

Hauptprogrammschleife

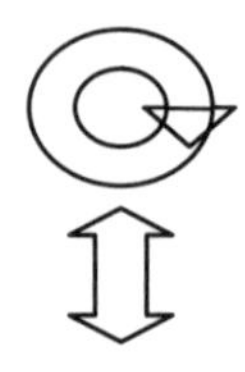

Unterprogramme

CLRF Lösche Register f

Schreibweise: CLRF f $0 \le f \le 127$

Mögliche Status-Veränderungen: Z

Beschreibung: Das angegebene Register wird gelöscht.

Beispiel:

```
; Beliebiger Inhalt in variable
        CLRF    variable
; Inhalt von variable nach dem Befehl B'00000000'
```

Nach Ausführung dieses Befehls ist der Inhalt von **variable** ‚null' 0 und das Zero-Bit wurde gesetzt.

CLRW Lösche Arbeitsregister W

Schreibweise: CLRW

Mögliche Status-Veränderungen: Z

Beschreibung: Das Arbeitsregister W wird gelöscht.

Beispiel:

```
; Beliebiger Inhalt im W-Register
        CLRW
; Inhalt des W-Registers nach dem Befehl B'00000000'
```

Nach Ausführung dieses Befehls ist der Inhalt des Arbeitsregisters 'null'0 und das Zero-Bit wurde gesetzt.

CLRWDT Löschen des Watchdogs-Timers

Schreibweise: CLRWDT

Mögliche Status-Veränderungen: TO, PD

Beschreibung: Dieser Befehl löscht den Watchdog-Timer. Es werden die Statusbits TO und PD gesetzt.

Beispiel:

```
CLRWDT        ; Löschen des Watchdog-Timers
```

Dieser Befehl muss nur benutzt werden, wenn auch der »Wachhund« im Optionsregister aktiviert wurde. Wird der Watchdog nicht regelmäßig gelöscht, wird ein RESET ausgelöst.

Mit dieser Funktion ist es möglich, dass der Controller sich selbst durch einen RESET aus einem undefinierten Zustand nach einer Zeit zurückholt. Das Programm wird dann ab der ORG-Adresse 0x000 weiter abgearbeitet. Es gibt auch Anwendungen, in denen dies gezielt gemacht wird.

COMF Bilden des Komplements

Schreibweise: COMF f,d $0 \leq f \leq 127$ $d \, \varepsilon \, [0,1]$

Mögliche Status-Veränderungen: Z

Beschreibung: Durch diesen Befehl wird der Inhalt des angegebenen Registers invertiert.

Beispiel:

```
; Der Inhalt von variable ist 0x11

        COMF        variable,0

; Das W-Register enthält nach dem Ausführen der Operation den Wert 0xEE

        00010001  variable
0←      11101110  Das Ergebnis in W, Zero-Bit nicht gesetzt
```

Abhängig von ‚d' wird das Ergebnis bei ‚d' gleich ‚null' 0 in das W-Register oder bei ‚d' gleich ‚eins' 1 in das Ziel-Register geschrieben. Der letzte Wert des Ziel-Registers wird überschrieben.

Das Zero-Bit wird nur gesetzt, wenn das Ergebnis der Operation 'null' 0 war.

DECF Dekrementiere f

Schreibweise: DECF f,d $0 \leq f \leq 127 \quad d \varepsilon [0,1]$

Mögliche Status-Veränderungen: Z

Beschreibung: Durch diesen Befehl wird der Inhalt des angegebenen Registers um ‚eins' 1 verringert (dekrementiert).

Beispiel:

; Der Inhalt von **variable** ist 0x12

DECF **variable,0**

; Das W-Register enthält nach dem Ausführen der Operation den Wert 0x11

	00010010	**variable**
0←	00010001	Das Ergebnis in W, Zero-Bit nicht gesetzt

Bei jedem Aufruf des Befehls wird von dem angegebenen Register eine ‚eins' 1 abgezogen, genauso, wie bei einer Rechenoperation (-1).

Abhängig von ‚d' wird das Ergebnis bei ‚d' gleich ‚null' 0 in das W-Register oder bei ‚d' gleich ‚eins' 1 in das Ziel-Register geschrieben. Der letzte Wert des Ziel-Registers wird überschrieben.

Das Zero-Bit wird nur gesetzt, wenn das Ergebnis der Operation ‘null' 0 war.

DECFSZ Dekrementiere f und springe bei ‚null' 0

Schreibweise: DECFSZ f,d $0 \leq f \leq 127$ $d \, \varepsilon \, [0,1]$

Mögliche Status-Veränderungen: keine

Beschreibung: Durch diesen Befehl wird der Inhalt des angegebenen Registers dekrementiert und der Inhalt auf ‚null' 0 getestet. Ist das Ergebnis der Operation ‚null' 0, wird der folgende Befehl übersprungen.

Beispiel:

```
; Der Inhalt von variable ist 02h

LABEL
        DECFSZ      variable,0
        GOTO        LABEL
        NOP
        ...

; Das W-Register enthält nach dem Ausführen der Operation den Wert 0x01

        00000010    variable
        00000001    Das Ergebnis in W
```

Bei jedem Aufruf des Befehls wird von dem angegebenen Register eine ‚Eins' 1 abgezogen, genauso, wie bei einer Rechenoperation (-1).

Abhängig von ‚d' wird das Ergebnis bei ‚d' gleich ‚null' 0 in das W-Register oder bei ‚d' gleich ‚eins' 1 in das Ziel-Register geschrieben. Der letzte Wert des Ziel-Registers wird dabei überschrieben.

Da das Ergebnis der Operation im Beispiel nicht ‚null' 0 ist, wird der nächste Befehl, hier GOTO LABEL, ausgeführt und nicht übersprungen. Das hat zur Folge, dass zum LABEL zurück gesprungen wird. Im nächsten Durchlauf ist das Ergebnis dann ‚null' 0 und der GOTO-Befehl wird übersprungen. Das Programm wird mit dem Befehl NOP fortgesetzt. Es entsteht durch diese Schleife eine Pause von fünf Takten. Durch die 8-Bit Registerbreite des Controllers ist die größte Zahl, die dekrementiert werden kann, D'255'.

Achtung: Die Ausführung dieses Befehls benötigt manchmal einen oder manchmal auch zwei Taktzyklen.

GOTO Gehe zu Ziel

Schreibweise: GOTO k $0 \leq k \leq 2047$

Mögliche Status-Veränderungen: keine

Beschreibung: Hierbei handelt es sich um einen bedingungslosen Sprung.

Es wird immer, ohne Ausnahme, an diese Stelle zu dem angegebenen Ziel ‚k' gesprungen.

Achtung: Dies ist ein Befehl, der immer zwei Takte benötigt.

Beispiel:

```
; irgendwo im Programm
        GOTO  Ziel
        ...
        ...             ; Dieser Bereich des Programms wird so nie erreicht

Ziel
        NOP
```

Dieser Befehl ist mit Umsicht einzusetzen. Wenn zuviel gesprungen wird, kann auch leicht ein sogenannter ‚toter Code' (dead-code) erzeugt werden. Hierbei handelt es sich um Programmteile, die vom Controller nie erreicht werden und die nur Speicherplatz verbrauchen oder bei Störungen zu Fehlern führen können.

Mit jedem absoluten Sprung erschwert sich auch die Lesbarkeit eines Programms und die Möglichkeit, es auf einfache Art graphisch darzustellen, wird enorm erschwert.

INCF Inkrementiere f

Schreibweise: INCF f,d $0 \leq f \leq 127$ $d \varepsilon [0,1]$

Mögliche Status-Veränderungen: Z

Beschreibung: Durch diesen Befehl wird der Inhalt des angegebenen Registers um ‚eins' 1 erhöht (inkrementiert).

Beispiel:

```
; Der Inhalt von variable ist 0x11

        INCF    variable,0

; Das W-Register enthält nach dem Ausführen der Operation den Wert 0x12

                00010001  variable
        0←      00010010  Das Ergebnis in W, Zero-Bit nicht gesetzt
```

Bei jedem Aufruf des Befehls wird zu dem angegebenen Register eine ‚Eins' 1 dazu addiert, genauso, wie bei einer Rechenoperation (+1).

Abhängig von ‚d' wird das Ergebnis bei ‚d' gleich ‚null' 0 in das W-Register oder bei ‚d' gleich ‚eins' 1 in das Ziel-Register geschrieben. Der letzte Wert des Ziel-Registers wird dann überschrieben.

Das Zero-Bit wird nur gesetzt, wenn das Ergebnis ‚null' 0 war. Dies erfolgt hier nach einem Überlauf von D'255' nach D'000' oder in HEX FFh -> 00h.

INCFSZ Inkrementiere f und springe bei ‚null' 0

Schreibweise: INCFSZ f,d $0 \leq f \leq 127$ $d \varepsilon [0,1]$

Mögliche Status-Veränderungen: keine

Beschreibung: Durch diesen Befehl wird der Inhalt des angegebenen Registers inkrementiert (+1) und der Inhalt auf ‚null' 0 getestet. Ist das Ergebnis der Operation ‚null' 0, wird der folgende Befehl übersprungen.

Beispiel:

```
; Der Inhalt von variable ist D'002'

        LABEL   INCFSZ      variable,0
                GOTO        LABEL
                NOP
        ...

; Das W-Register enthält nach dem Ausführen der Operation den Wert D'003'

        00000010    variable
        00000011    Das Ergebnis in W
```

Bei jedem Aufruf des Befehls wird zu dem angegebenen Register eine ‚eins' 1 dazu addiert, genauso, wie bei einer Rechenoperation (+1).

Abhängig von ‚d' wird das Ergebnis bei ‚d' gleich ‚null' 0 in das W-Register oder bei ‚d' gleich ‚eins' 1 in das Ziel-Register geschrieben. Der letzte Wert des Ziel-Registers wird dann überschrieben.

Da das Ergebnis der Operation im Beispiel nicht ‚null' 0 ist, wird der nächste Befehl, hier: GOTO LABEL, ausgeführt. Das hat zur Folge, dass zum LABEL zurückgesprungen wird. Der Wert ‚null' 0 wird bei einem Überlauf von D'255' nach D'0' erreicht.

Achtung: Die Ausführung dieses Befehls benötigt manchmal einen oder manchmal auch zwei Taktzyklen.

IORLW Inklusive-ODER-Verknüpfung mit der Konstanten k

Schreibweise: IORLW k $0 \leq k \leq 255$

Mögliche Status-Veränderungen: Z

Beschreibung: Der Inhalt des Arbeitsregisters W wird mit der Konstanten ‚k' ODER-verknüpft. Das Ergebnis steht im W-Register.

Beispiel:

```
; Der Inhalt des W-Registers ist B'01101000'
        IORLW       B'01010001'
; Das W-Register enthält nach dieser Operation den Wert B'01111001'
        01101000    W-REGISTER
        01010001    Konstante
        01111001    Ergebnis im W-Register
```

Dieser Befehl arbeitet wie ein ODER-Gatter in der Digitaltechnik. Die zueinander gehörenden Bits werden miteinander ODER-verknüpft und das Ergebnis steht an der Stelle des Bits im W-Register.

Der Wert ‚null' 0 zum Setzen des Zero-Bits kann, wie man in der Tabelle sieht, nur erreicht werden, wenn beide Register leer sind.

Wahrheitstabelle zu einem ODER-Gatter:

Ergebnis	IN 1	IN 2
0	0	0
1	1	1
1	0	1
1	1	0

IORWF Inklusive-ODER-Verknüpfung mit dem Register f

Schreibweise: IORWF f,d $0 \leq f \leq 127$ $d \varepsilon [0,1]$

Mögliche Status-Veränderungen: Z

Beschreibung: Der Inhalt des Arbeitsregisters W wird mit dem Register ‚f' ODER-verknüpft. Das Ergebnis steht abhängig von ‚d' im W-Register oder im Register ‚f'.

Beispiel:

```
; Der Inhalt des W-Registers ist B'01101000'
; Der Inhalt von variable ist B'01010001'

        IORWF    variable,0

; Das W-Register enthält nach dieser Operation den Wert B'01111001'

        01101000  W-REGISTER
        01010001  variable
        01111001  Ergebnis
```

Dieser Befehl arbeitet wie ein ODER-Gatter in der Digitaltechnik. Die zueinander gehörenden Bits werden miteinander ODER-verknüpft und das Ergebnis steht an der Stelle des Bits im W-Register.

Abhängig von ‚d' wird das Ergebnis bei ‚d' gleich ‚null' 0 in das W-Register oder bei ‚d' gleich ‚eins' 1 in das Ziel-Register geschrieben. Der letzte Wert des Ziel-Registers wird dann überschrieben.

Wahrheitstabelle zu einem ODER-Gatter:

Ergebnis	IN 1	IN 2
0	0	0
1	1	1
1	0	1
1	1	0

MOVF Schiebe f

Schreibweise: MOVF f,d $0 \leq f \leq 127$ $d \varepsilon [0,1]$

Mögliche Status-Veränderungen: Z

Beschreibung: Der Inhalt des angegebenen Registers ‚f' wird zu einem Ziel verschoben. Das Ziel hängt von dem Wert ‚d' ab.

Ist ‚d' gleich ‚null' 0 ist das Ziel das Register selbst. Ist ‚d' gleich ‚eins' 1 ist das Ziel das Arbeitsregister W.

Beispiel:

```
; Der Inhalt von variable ist 0x08
        MOVF        variable,0
; variable enthält nach dieser Operation immer noch Wert 0x08.
```

Wenn ‚d' gleich ‚null' 0 ist, wird der Wert gelesen und wieder an die gleiche Stelle geschrieben. Hiermit kann zum Beispiel getestet werden, ob der Inhalt ‚null' 0 ist. Ist dies der Fall, wird das Zero-Bit gesetzt.

Ist ‚d' gleich ‚eins' 1, wird der Wert aus dem angegebenen Register ins Arbeitsregister W geladen und steht dann für weitere Operationen zur Verfügung, ohne dass er in seiner ursprünglichen Speicherstelle verändert wird.

MOVLW Schiebe Konstante ins Arbeitsregister W

Schreibweise: MOVLW k $0 \leq k \leq 255$

Mögliche Status-Veränderungen: keine

Beschreibung: Die angegebene Konstante ‚k' wird in das Arbeitsregister W geladen.

Beispiel:

```
; Aufruf
        MOVLW     D'200'
; Jetzt enthält das W-Register den Wert D'200'.
```

MOVWF Schiebe den Inhalt des W-Register in REGISTER f

Schreibweise: MOVWF, f $0 \leq f \leq 127$

Mögliche Status-Veränderungen: keine

Beschreibung: Der Inhalt des Arbeitsregister W wird in das angegebene Zielregister geladen.

Beispiel:

```
; Aufruf

        MOVWF      variable

; Jetzt enthält variable den Wert des Arbeitsregisters W.
```

NOP Keine Operation

Schreibweise: NOP

Mögliche Status-Veränderungen: keine

Beschreibung: Es passiert einfach nichts. Es vergeht nur die Zeit, die der Controller zur Abarbeitung eines Zyklus benötigt.

Beispiel:

```
; Kann an jeder beliebige Stelle im Programm stehen
        NOP
; Es ist nur ein Zeittakt vergangen, sonst ist nichts passiert
```

Auch wenn der Befehl auf den ersten Blick nicht jedem verständlich sein mag, ist er doch von Bedeutung, und wird wohl in fast jedem Programm verwendet.

Vor allem bei der Gestaltung von Verzögerungszeiten ist der Befehl meist unerlässlich.

RETFIE Rücksprung aus der Interruptroutine

Schreibweise: RETFIE

Mögliche Status-Veränderungen: keine

Beschreibung: Mit diesem Befehl wird eine Interrupt-Service-Routine beendet.

Es wird an die Ausgangsadresse +1 zurückgesprungen. Das Hauptprogramm wird eine Zeile später fortgesetzt, als es vorher verlassen wurde.

Achtung: Dies ist ein Befehl, der immer zwei Takte benötigt.

Beispiel:

```
org 0x0004          ; Adresse der Interruptroutine, Adresse 0x0004
        NOP         ; Arbeitsbefehle nach einem Interrupt
        ...
        ...
        RETFIE      ; Rücksprung zum Hauptprogramm
```

Nach dem Rücksprung wird das Hauptprogramm an der gleichen Stelle plus einer Zeile, also in der dem Interrupt folgenden Zeile, fortgesetzt.

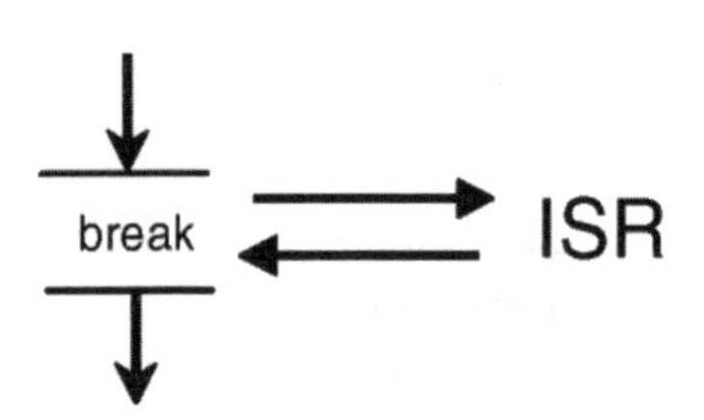

Wenn man mit Interrupts arbeiten möchte, muss man aber einige Kleinigkeiten beachten. Unter anderem zum Beispiel das Retten von Registern, sowie die Konfiguration der Register zur Aktivierung der Interrupt-Funktion.

RETLW Rücksprung mit geladener Konstante im W-Register

Schreibweise: RETLW k $0 \leq k \leq 255$

Mögliche Status-Veränderungen: keine

Beschreibung: Das W-Register wird mit der 8-Bit Konstanten ‚k' geladen.

Danach wird der Programmzähler mit der Rücksprungsadresse geladen und es wird sofort zurückgesprungen.

Achtung: Dies ist ein Befehl, der immer zwei Takte benötigt.

Beispiel:

```
        CALL        TAB
        NOP
        ...
TAB
        RETLW    B'01010001'
```

Nach dem Rücksprung von dem LABEL ist das W-Register mit dem Wert B'01010001' geladen. Als nächstes wird der Befehl NOP ausgeführt.

Dieser Ablauf stellt die einfachste Anwendung des Befehls dar. Man könnte hier auch alternativ den Befehl MOVLW ‚k' benutzen und hätte das gleiche Ergebnis im W-Register.

Der Befehl ***RETLW*** macht nur in einer kompletten Struktur einen Sinn und setzt dafür einige Randbedingungen voraus, die beachtet werden müssen. Er ist gut zum Auslesen von Tabellen oder zur Übergabe eines Wertes aus dem zu beendenden Unterprogramm geeignet.

In den Tabellen können zum Beispiel Ausgangsmuster abgelegt sein, die nacheinander ausgegeben werden sollen. So zum Beispiel der Ablauf einer Ampelphase oder ein besonderes Muster für eine Leuchtreklame.

In solch einer Tabelle können aber auch Adressen abgelegt sein, die nach dem Laden seriell über einen Pin mit einer voreingestellten Frequenz ausgegeben werden sollen, oder oder oder…

RLF Rotiere f links über das Carry-Bit

Schreibweise: RLF f,d $0 \le f \le 127$ $d \varepsilon [0,1]$

Mögliche Status-Veränderungen: C

Beschreibung: Dieser Befehl verschiebt mit Hilfe des Carry-Bits den Inhalt des angegebenen Registers um eine Stelle nach links.

Beispiel:

```
; Aufruf
; Der Inhalt von variable ist B'10010011'

            RLF     variable,0

; Jetzt ist der Inhalt von variable B'00100111'
```

Alle Bits wurden um eine Stelle nach links verschoben. Das oberste Bit 7, welches auf die Position 8 gekommen wäre, wurde durch das Carry-Bit gerettet und an der Position 0 wieder angefügt.

	10010011	**variable** vor dem Befehl
1←	00100111	**variable** nach dem Befehl; Carry-Bit gesetzt

RETURN Rücksprung aus Unterprogramm

Schreibweise: RETURN

Mögliche Status-Veränderungen: keine

Beschreibung: Mit diesem Befehl wird ein Unterprogramm, welches mit dem CALL-Befehl aufgerufen wurde, beendet.

Es wird an die Ausgangsadresse +1, der Zeile unter dem CALL-Befehl, zurückgesprungen.

> **Achtung:** Dies ist ein Befehl, der immer zwei Takte benötigt.

Beispiel:

```
; Irgendwo im Programm
        CALL    UNTER
        ADDLW   0x23        ; Ausgangsadresse +1
        ...

UNTER
        NOP                 ; Anfang des Unterprogramms
        ...
        RETURN              ; Rücksprung aus dem Unterprogramm
```

Nach dem Rücksprung aus dem Unterprogramm wird das Hauptprogramm mit dem Befehl ADDLW fortgesetzt.

Die Verschachtelung von Unterprogrammen ist möglich. Es darf nur das **RETURN** für jedes Unterprogramm nicht vergessen werden. Sonst ‚verläuft' sich der Controller.

RRF Rotiere f rechts über das Carry-Bit

Schreibweise: RRF f,d $0 \leq f \leq 127$ $d \varepsilon [0,1]$

Mögliche Status-Veränderungen: C

Beschreibung: Dieser Befehl verschiebt mit Hilfe des Carry-Bits den Inhalt des angegebenen Registers um eine Stelle nach rechts.

Beispiel:

```
; Aufruf
; Inhalt von variable ist B'10010011'

        RRF     variable,0

; Jetzt ist der Inhalt von variable B'11001001'
```

Alle Bits wurden um eine Stelle nach rechts verschoben. Das unterste Bit, welches auf die Position -1 gekommen wäre, wurde durch das Carry-Bit gerettet und an der Position 7 wieder angefügt.

```
      10010011   variable vor dem Befehl
1←    11001001   variable nach dem Befehl;  Carry-Bit wurde gesetzt
```

SLEEP Keine Operationen (‚schlafen')

Schreibweise: SLEEP

Mögliche Status-Veränderungen:

```
TO    ; Setzen des 'time out' Statusbits
PD    ; Löschen des 'power down' Statusbits
```

Beschreibung: Der Prozessor wird ‚schlafen' geschickt und der Oszillator stoppt, um Energie zu sparen.

Dies ist vor allem bei Anwendungen, die mit einer Batterie versorgt werden, von großem Interesse.

Beispiel:

```
; Statt eine Warteschleife abzuarbeiten, wird der Prozessor ‚schlafen' geschickt

        SLEEP           ; Gehe schlafen

; Ein Neustart (Weckruf) wird durch einen Interrupt ausgelöst
; Dies kann verschiedene Ursachen haben, es ist auch abhängig vom
; Controllertyp
```

Bei einer Fernbedienung, die von einer Batterie gespeist wird, ist diese Funktion sehr sinnvoll. So ‚schläft' der Controller mit minimaler Energieaufnahme, bis eine Taste betätigt wird. Das erhöht die Lebensdauer der Batterie.

SUBLW Subtrahiere das Arbeitsregister von der Konstanten

Schreibweise: SUBLW k $0 \leq k \leq 255$

Mögliche Status-Veränderungen: C, DC, Z

Beschreibung: Der Inhalt des W-Registers wird durch die Methode des Zweierkomplements von der Konstanten ‚k' abgezogen.

Das Ergebnis steht anschließend im W-Register.

Das Zero-Flag wird gesetzt, wenn das Ergebnis der Operation 'null' 0 ist.

Beispiel:

```
; Inhalt des W-Register ist 0x58

        SUBLW   0x99

; Das W-Register enthält nach dem Ausführen der Operation den Wert 0x41

          10011001    Konstante
        - 01011000    W-Register
  0←      01000001    W–Register nach dem Befehl; Carry-Bit nicht gesetzt
```

Da kein Überlauf stattgefunden hat, wurde kein Carry- und auch kein Hilfscarry-Bit gesetzt.

Auch um Eingangszustände an einem Controller auszuwerten, kann es sinnvoll sein, auf die einfache Mathematik mit plus oder minus zurückzugreifen. Die Rechnung ist dabei so zu gestalten, dass das Ergebnis bei der gesuchten Eingangsbedingung ‚null' 0 ergibt. Dies lässt sich dann über die Auswertung des Zero-Bits leicht erfassen.

SUBWF Subtrahiere W und das angegebene Register

Schreibweise: SUBWF f,d $0 \leq f \leq 127$ $d \varepsilon [0,1]$

Mögliche Status-Veränderungen: C, DC, Z

Beschreibung: Subtrahiert den Inhalt des W-Registers von dem angegebenen Register ‚f'.

Ist ‚d' = ‚null' 0, steht das Ergebnis im W-Register. Ist ‚d' = ‚eins' 1, wird das Ergebnis in ‚f' gespeichert. Auch hier wird die Methode des Zweierkomplements benutzt.

Beispiel:

; Wert des W-Register ist 0x10, **variable** = 0x09

SUBWF **variable**,1

Achtung: Es werden bei diesem Beispiel beide Carry -Bits gesetzt.

variable enthält nach dem Ausführen dieser Operation den Wert 0xF9. Der alte Inhalt von **variable** ist überschrieben worden und steht jetzt nicht mehr zur Verfügung.

Stünde als Befehl:

SUBWF **variable**,0

...würde die Operation dasselbe Ergebnis liefern, aber das Ergebnis würde im Arbeitsregister W stehen. Der Inhalt aus **variable** stünde unverändert weiterhin zur Verfügung.

Um das Ergebnis vielleicht etwas deutlicher zu machen, ist hier die Rechnung einmal in Dezimal-Zahlen aufgeführt:

variable – W-Register = 0xF9 und Carry
9 – 16 = -7

Das Minuszeichen ist hier das gesetzte Carry-Bit.

SWAPF Vertauscht die ‚Nibbels' (Halbbytes) im Register f

Schreibweise: SWAPF f,d $0 \leq f \leq 127$ $d \in [0,1]$

Mögliche Status-Veränderungen: keine

Beschreibung: Hierbei werden die oberen und unteren vier Bits eines Bytes im angegebenen Register ‚f' gegeneinander ausgetauscht.

Beispiel:

; Der Inhalt von **variable** ist B'11110000'

SWAPF **variable**,1

; **variable** enthält nach dieser Operation den Wert B'00001111'

11110000 **variable** vor dem Befehl
00001111 **variable** nach dem Befehl

XORLW Exklusive-ODER-Verknüpfung mit der Konstanten k

Schreibweise: XORLW k $0 \leq k \leq 255$

Mögliche Status-Veränderungen: Z

Beschreibung:

Der Inhalt des Arbeitsregisters W wird mit der Konstanten ‚k' exklusiv ODER-verknüpft. Das auf die Operation folgende Ergebnis steht im W-Register.

Beispiel:

```
; Der Inhalt des W-Registers ist B'01101000'
        XORLW       B'01010001'
; Das W-Register enthält nach dieser Operation den Wert B'01000000'
        01101000  W-REGISTER
        01010001  Konstante
        00111001  Ergebnis im W-Register
```

Dieser Befehl arbeitet wie ein Exklusiv-ODER-Gatter in der Digitaltechnik. Die zueinander gehörenden Bits werden miteinander exklusiv ODER-verknüpft und das Ergebnis der Verknüpfung steht an der Stelle des Bits im W-Register.

Wahrheitstabelle zu einem Exklusiv-ODER-Gatter:

Ergebnis	IN 1	IN 2
0	0	0
0	1	1
1	0	1
1	1	0

XORWF Exklusive-ODER-Verknüpfung mit dem Register f

Schreibweise: XORWF f,d $0 \leq f \leq 127$ $d \, \varepsilon \, [0,1]$

Mögliche Status-Veränderungen: Z

Beschreibung: Der Inhalt des Arbeitsregisters W wird mit dem Register ‚f' exklusiv ODER-verknüpft. Das Ergebnis steht – abhängig von ‚d' – im W-Register oder im Register ‚f'.

Beispiel:

```
; Der Inhalt des W-Registers ist B'00001001'
; variable = B'01010001'

        XORWF       variable,0

; Das W-Register enthält nach dieser Operation den Wert B'01011000'

        00001001  W-REGISTER
        01010001  01011000
        01011000  Ergebnis
```

Dieser Befehl arbeitet wie ein Exklusiv-ODER-Gatter in der Digitaltechnik. Die zueinander gehörenden Bits werden miteinander exklusiv ODER-verknüpft und das Ergebnis steht an der Stelle des Bits im W-Register, wenn ‚d' gleich ‚null' 0 ist. Wird ‚d' gleich ‚eins' 1 gesetzt, wird das Ergebnis in **variable** geschrieben und der letzte Wert geht verloren.

Wahrheitstabelle zu einem Exklusiv-ODER-Gatter:

Ergebnis	IN 1	IN 2
0	0	0
0	1	1
1	0	1
1	1	0

Hinweis:
Hier soll noch einmal erwähnt werden, dass alle 35 Befehle mit der englischen Bedeutung, einer Kurzbeschreibung, sowie den Registerbewegungen am Ende des Buches noch einmal als Tabelle zusammengefasst dargestellt sind. Auch findet man diese Tabelle als PDF-Datei zum Ausdrucken auf der CD im Verzeichnis ‚Doku'. Die Befehle können auch in den Datenblättern der PIC-Controller unter dem Stichwort »Instruction set summary« nachgeschlagen werden.

7 Weitere Übungsaufgaben

Nach so viel trockener Theorie soll nun endlich zur Praxis zurückgefunden werden. Es wird sich aber auch hier nicht umgehen lassen, dass noch viele Themen ausführlicher behandelt werden müssen. So kommen wir als erstes zu den allgemeinen Problemen der nächsten Aufgaben dieses Buches.

Zur Erinnerung: Das funktionsfähige Programm zu jeder Aufgabe findet man auf der CD in dem Verzeichnis:

Laufwerksbuchstabe #:\Aufgaben\Aufgabe_0x_6xx.asm

Bitte daran denken, dass die Datei immer erst auf die Festplatte kopiert werden muss, bevor man sie mit MPLAB öffnet. Es kommt sonst zu dem im Kapitel »Arbeiten mit MPLAB« bereits erwähnten Fehler, wenn MPLAB die Datei übersetzen soll. Wer möchte, kann nun als erstes die Programme übersetzen und in den Controller brennen oder erst tapfer weiter die Aufgabenbeschreibung lesen und danach den Controller brennen. Wer nur im Besitz eines PIC-Controllers vom Typ 12F675 ist, der zum PICkit 1 gehört, muss nun aber nicht loslaufen, um sich gleich einen neuen Controller zu kaufen. Natürlich funktionieren auch alle Aufgaben mit diesem Controller. Es muss nur die entsprechende Lösung geladen und der entsprechende Controllertyp in MPLAB bei ‚Select device' ausgewählt werden.

Zu allen Aufgaben gilt:

Es gibt sicher immer mehrere Lösungen zu jeder Aufgabe und umso komplexer die Aufgabenstellung wird, umso mehr Lösungswege wird man erarbeiten können. Alle hier vorgestellten Lösungen stellen immer nur einen möglichen Lösungsweg vor und es soll dabei nicht der Anspruch erhoben werden, dass es sich bei der Lösung um die eleganteste handelt. Die Lösungen wurden immer auch unter dem Aspekt geschrieben, gleichzeitig damit etwas zu erklären.

Bei solch kleinen Aufgaben gibt es auch eigentlich keine beste Lösung, vielmehr ist die beste Lösung immer die, auf die man am schnellsten gekommen ist. Erfolge motivieren am besten. Wen stört es schon, dass der Controller vielleicht 200 µ-Sekunden länger benötigt, um zu reagieren. Wichtig ist, dass die Anforderungen der Aufgabe erfüllt sind. Was nützt es einem, wenn man noch drei oder mehr Tage brütet und am Ende die Funktion die selbige ist. Viele kleine Dinge kommen mit der Zeit von selbst, weil man anfängt, seine Aufgabenstellung feiner zu formulieren. Aber auch hier sollte gelten: 100% Funktion ist eine Lösung, auch wenn der Controller 10x mehr hin und her springen muss, als vielleicht wirklich nötig wäre.

Die Aufgaben mit ihren Themen

7.1 Aufgabe 2: An- und Ausschalten einer Leuchtdiode mit einem Taster

In dieser Aufgabe soll durch einen Tastendruck die Leuchtdiode D0 eingeschaltet und durch einen zweiten Tastendruck wieder ausgeschaltet werden können.

Dadurch ergibt sich eine zwingende Bedingung für die Funktion: der Taster muss nach der ersten Betätigung erst einmal wieder losgelassen werden.

Der Funktionsablauf in Worten:

Taste S1 drücken -> LED D0 AN -> S1 loslassen -> S1 drücken -> D0 AUS -> S1 loslassen.

Und dann das Ganze wieder von vorne.

In dem folgenden Flussdiagramm ist der Ablauf noch einmal graphisch dargestellt.

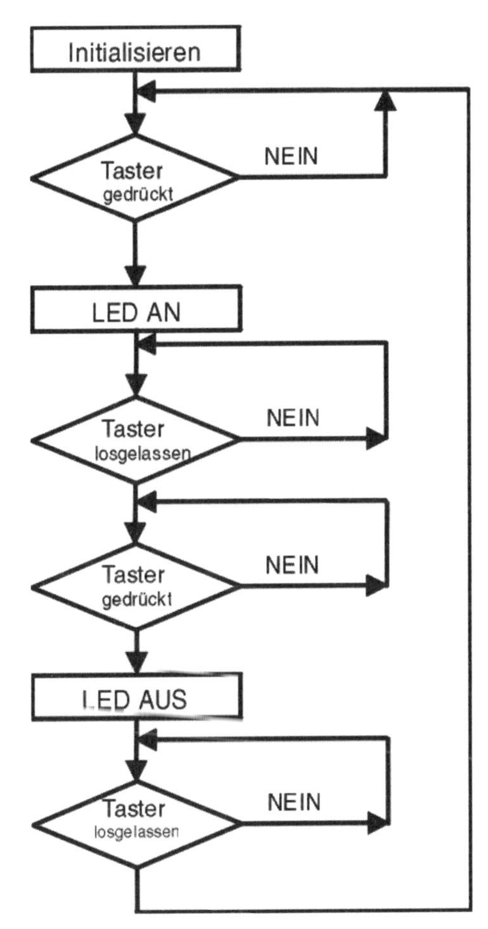

Abb. 19: Flussdiagramm zur Aufgabe 2

Sicher gibt es auch noch andere Lösungsansätze, um eine Leuchtdiode zu schalten. Hier soll aber nun dieser Ablauf erklärt werden, um das Arbeiten mit einem Taster vorzustellen.

Wie muss solch ein Programm, das der beschriebenen Funktion entspricht, in Assembler aussehen?

Die benötigten Befehle sind schon fast alle aus der Aufgabe 1 bekannt. Wichtig bei der Lösung ist die erwähnte Bedingung, dass die Taste nach jedem Schaltvorgang erst wieder losgelassen werden muss, um erneut schalten zu können.

In dieser Aufgabe wiederholt sich die Abfrage der Taste aus Aufgabe 1 viermal.

Der entscheidende Unterschied ist, dass der erfasste Zustand nicht direkt ausgegeben wird. Es ist eine Schrittkette erforderlich, in der verfolgt wird, ob die Taste betätigt und ob dieser Vorgang wieder beendet wurde. Diese Bedingungen werden in dem Flussdiagramm mit den vier Salmis dargestellt.

Im ersten Salmi wartet der Controller, bis die Taste betätigt wird. Ist dies geschehen, ist die erwartete Bedingung eingetreten und das Salmi wird nach unten verlassen. Der Controller schaltet daraufhin die Leuchtdiode ein. Im nächsten Schritt schaut der Controller, ob die Taste wieder freigegeben wurde. Dabei erwartet der Controller eine »Eins« 1 ‚high' am Eingang GPIO3, die Grundstellung des Tasters, wie bereits in Aufgabe 1 erläutert wurde. Ist diese Grundstellung erreicht, wartet der Controller schon wieder, nun aber auf eine erneute Betätigung der Taste. Wird eine ‚Null' 0 ‚low' am Eingang GPIO3 erkannt, wird die Leuchtdiode abgeschaltet. Nun muss nur noch die Taste wieder freigegeben werden und die Schleife kann von vorne beginnen.

Soweit der Ablauf des Flussdiagramms. Kommen wir nun zum Aufbau des Assemblerprogramms. Das Programm befindet sich, wie alle anderen auch, auf der CD im Verzeichnis »*Aufgaben*«, hier als ***Aufgabe_2_6xx.asm***.

Hier folgt nun der Quellcode für den beschriebenen Ablauf, aber ohne die in jedem Programm erforderliche Konfiguration des PIC-Controllers:

```
HAUPT                   ; Beginn des Hauptprogramms
  btfsc   GPIO,3        ; Abfragen des Einganges GPIO3, ob Taster gedrückt wird
  goto    HAUPT         ; Taste nicht gedrückt, springe zur Marke "HAUPT"
                        ; Ist die Taste gedrückt, geht es weiter
  bsf     GPIO,4        ; Einschalten der LED D0 durch das setzen von BIT 4 (RA4)
WARTE0                  ; Marke oder Sprungziel "WARTE0"
  btfss   GPIO,3        ; Abfragen des Einganges GPIO3, ob Taster nicht mehr gedrückt wird
  goto    WARTE0        ; Taste noch gedrückt, springe zur Marke "WARTE0" -> Warten
WARTE1                  ; Marke oder Sprungziel "WARTE1"
  btfsc   GPIO,3        ; Abfragen des Einganges GPIO3, ob Taster gedrückt wird
  goto    WARTE1        ; Taste nicht gedrückt, springe zur Marke "WARTE1"
                        ; Ist die Taste gedrückt, geht es weiter
  bcf     GPIO,4        ; Löschen der LED D0 durch das BIT 4
WARTE2                  ; Marke oder Sprungziel "WARTE2"
  btfss   GPIO,3        ; Abfragen des Einganges GPIO3, ob Taster gedrückt wird
  goto    WARTE2        ; Taste noch gedrückt, springe zur Marke "WARTE2" -> Warten
  goto    HAUPT         ; Und wieder von vorne!
  end                   ; Ende des Programms
```

Abb. 20: Der Quellcode zu Aufgabe 2

Wer nun die Aufgabe vom Ablauf her einmal nachvollzogen und in den Controller übertragen hat, wird natürlich auch die Funktion getestet haben. Er ist dann vielleicht auch schon darüber gestolpert, dass nicht immer alles ganz so funktioniert, wie man es von der Theorie her erwarten würde. Leider gibt es an vielen Stellen immer wieder versteckte Fallen und Probleme.

Hier ist aber zu bemerken, dass wer mit dem PICkit 1 arbeitet, etwas im Nachteil ist, da dort ein *'sehr guter'* Digitaltaster verbaut worden ist und das Phänomen, welches erklärt werden soll, leider gar nicht erst auftritt. Wer also mit dem PICkit 1 arbeitet, möge doch bitte einen *'einfachen'* Taster (ob Schließer oder Öffner, ist egal) aus der Bastelkiste parallel zum Schalter SW1 schalten.

Dies geht am leichtesten an den Pins 3 und 14 von J3. Hier kann man den Taster direkt anschließen oder eine Stiftleiste einbauen, die dann auch zu möglichen Erweiterungen in eigenen späteren Aufgaben genutzt werden könnte. Eine Stiftleiste wird an dieser Stelle auch für die Erweiterungsplatinen von Microchip benötigt.

Abb. 21: Das PICkit mit einem Hilfstaster

Schließt man nun einen *,einfachen'* Taster an den Controller an, wird man feststellen, dass ein gezieltes Schalten der Leuchtdiode nicht immer gelingt. Wer sich schon einmal mit digitalen Schaltungen beschäftigt hat, für den ist diese Erkenntnis sicher nichts Neues. Da sich das Buch aber an Anfänger wendet, soll hier auf das Phänomen etwas näher eingegangen werden.

Es lässt sich eigentlich recht einfach erklären: Bei dem Problem handelt es sich um das sogenannte *,Prellen'* von mechanischen Schaltkontakten. In der Digitaltechnik bereitet jenes Prellen immer wieder Schwierigkeiten bei der Abfrage von Kontakt- und Impulsgebern.

Von einem üblichen Lichtschalter her kennt man das so zum Beispiel nicht, denn wenn wir einen Lichtschalter betätigen, sehen wir nur, dass dieser das Licht an- und wieder ausschaltet. Dass die Mechanik in jedem Schalter aber federt und mehrmals zwischen den Zuständen *,an/aus'* wechselt, bevor sie zur Ruhe kommt, bemerken wir jedoch nicht, denn das geht so schnell, dass es das menschliche Auge gar nicht erst wahrnehmen kann. Der Mikrocontroller aber kann dieses Prellen erkennen und dann falsch interpretieren.

Mit einem Speicheroszilloscope kann man diesen Spannungsverlauf gut festhalten und sichtbar machen.

Hier einmal der Spannungsverlauf am Schalter des PICkits 1, aufgenommen mit einem Speicheroszilloskop:

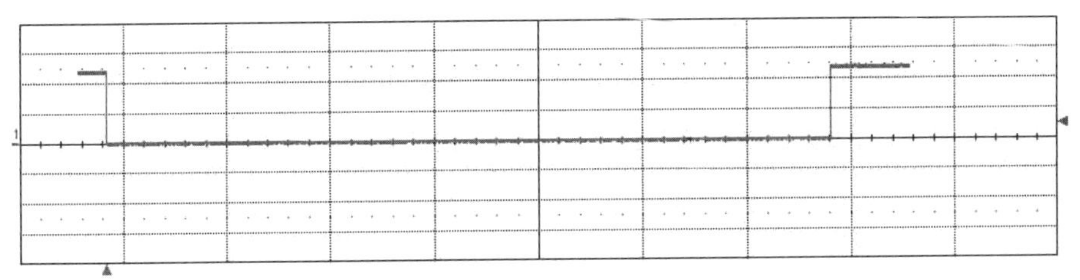

Abb. 22: Spannungsverlauf am Schalter des PICkits
Einstellungen: 100 ms/div. mit 2 V/div.

Der Spannungsverlauf ist sauber und ohne Störungen, so wie er benötigt wird.

Zum Vergleich, der Spannungsverlauf an einem einfachen Schalter aus der Bastelkiste:

Der Unterschied zwischen diesen Schaltern sollte für jeden deutlich erkennbar sein.

Der Verlauf der Spannung in Z1 im unteren Bildteil ist eine Ausschnitts-vergrößerung des Kurvenanfangs von C1.

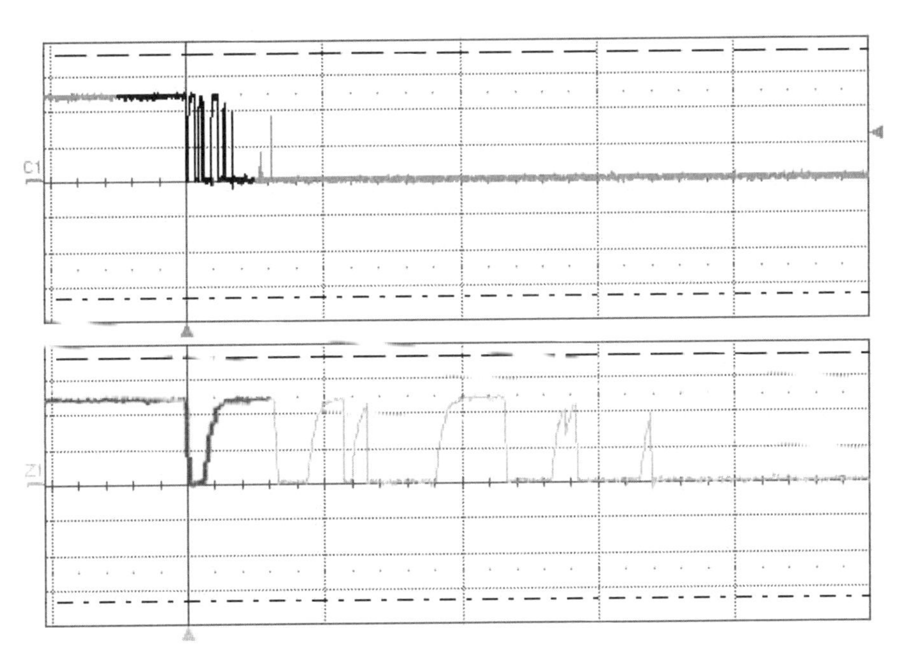

Abb. 23 : Spannungsverlauf an einem einfachen Schalter. Einstellungen:
C1= 500 µsec/div mit 2 V/div.
Z1 = 50 µse/div. mit 2 V/div. Zoom zu C1

Wenn man bedenkt, dass der Mikrocontroller etwa alle 4 µsec den Schalter abfragt und das Einschwingen des Schalters hier etwa 175 µ sec dauert, ist es verständlich, dass es zu Fehlfunktionen kommen kann. In dem oberen Bild könnte der Controller bis zu sechs Schaltvorgänge erkennen. Ist die Anzahl der zufälligen Schaltvorgänge ungerade, wird die Eingabe zu dem richtigen Ergebnis führen. Bei einer geraden Anzahl von Impulsen führt das zu einer Fehleingabe und die Leuchtdiode bleibt dunkel.

Was kann man nun machen, um das Problem in den Griff zu bekommen?

Da gibt es verschiedene Möglichkeiten.

Wie man schon gesehen hat, gibt es große Unterschiede in der Qualität der Schalter, was sich allerdings auch in den Kosten der Schalter niederschlägt.

Die besten Schalter arbeiten optoelektronisch und haben keine Metallzungen, die prellen können. Sie sind mit Abstand aber auch am teuersten und nicht in jedem Geschäft erhältlich.

Eine verbreitete und auch nicht sehr teure Alternative ist der Einsatz von einem einfachen Schalter mit einem kleinen Kondensator mit wenigen µ-Farrad, der parallel zu dem Schalter gelegt wird. Dieser ‚schluckt' mit seiner Kapazität die auftretenden Impulse, da er eine gewisse Zeit benötigt, um dem Schalter elektrisch zu folgen.

Hierdurch wird der eigentliche Schaltvorgang aber um einige Sekundenbruchteile verzögert, was in vielen Anwendung ohne Auswirkung bleibt. Um diese Verzögerungszeit näherungsweise abschätzen zu können, kann man sich mit der Formel für die Ladezeit eines Kondensators helfen:

Abb. 24: Entprellen von Schaltern mit Kondensatoren

$$\tau = R * C$$

Wobei ein τ (griech.: tau) die Ladezeit ist, die ein Kondensator benötigt, um 63% der Betriebsspannung zu erreichen.

Bei Werten von 5 kΩ für den Widerstand und 4,7 µF für den Kondensator würde das eine ungefähre Verzögerungszeit von etwa 23,5 ms bedeuten.

In der in Bild 24 abgebildeten Schaltung liegt in der Ruhestellung des Schalters am Pin die positive Betriebsspannung an, so dass beim Schalten ein ‚low' 0 auftritt. Natürlich lässt sich die Schaltung auch so umdrehen, dass in der Ruhestellung ein ‚low' 0 an dem Pin anliegt. Dazu muss nur der Widerstand unter die Schalter/Kondensator-Kombination gelegt werden.

Da es beim Hobby meist nicht um große Stückzahlen geht und die Kosten eines Bauteils sich mehr oder weniger bei den Gesamtkosten nur mit wenigen Cents niederschlagen, kann man hier ruhig die vorgenannte Variante mit dem Kondensator wählen. Durch die eventuelle einfachere Softwarestruktur hat man dann vielleicht auch schneller sein ‚Erfolgserlebnis' bei der Bearbeitung der Aufgabe erreicht.

Da ein Mikrocontroller aber alles können sollte, geht es natürlich auch ohne ‚teure' Taster und Extra-Bauteile. Die Software muss dann einfach um diese Funktion erweitert werden. Dies kostet dann ‚nur' Entwicklungs-*Zeit*. Dieser Weg wird oft bei einer Serien-Produktion eingesetzt, denn es spart Bauteile und senkt damit die Produktionskosten. Eine Softwarelösung ist aber etwas von der Aufgabe des Tasters abhängig, weshalb man sich immer einige Gedanken mehr darüber machen sollte, wie man an die Aufgabe herangeht, wenn man mit Signalgebern arbeitet. Auch ihr Verhalten muss gegebenenfalls im Programm berücksichtigt werden. Bei nicht zeitkritischen Systemen, wo es nicht auf die Reaktionszeit ankommt, ist es am einfachsten, eine Mehrfachabfrage des Signals zu programmieren. Dazu mehr in einer späteren Aufgabe.

Es können aber auch andere ‚externe' Einflüsse Störungen verursachen und zu Fehlauslösungen führen. Hier nur als Schlagwort: EMV (elektromagnetische Verträglichkeit). So kann zum Beispiel die Strahlung eines sendenden Mobil-Telefons auch Schaltungen beeinflussen. Hier gibt es eine Vielzahl von Einflüssen und genauso viele Lösungen. Wenn man Probleme bei einer Schaltung hat, die man sich nicht erklären kann, sollte man auch eine solche Ursache mit in Erwägung ziehen.

Welchen Lösungsansatz man am Ende wählt, muss jeder für sich selbst entscheiden. Ob man viel programmieren möchte oder lieber Geld ausgeben will, ich entscheide mich meist für eine Kombination aus beidem.

Etwas, was im Zusammenhang mit Eingangssignalen auch noch beachtet werden muss, sind die Spannungswerte für die gültigen Logikpegel, die der PIC-Controller akzeptiert. Auch bei den PIC-Controllern gibt es, wie überall in der

Computertechnik, einen nicht definierten Spannungsbereich zwischen ‚high' und ‚low'. Die absoluten Werte sind von dem Eingangstyp abhängig. Ein ‚low' wird bis etwa +0,8 V akzeptiert und ein ‚high' wird ab etwa +2 V erkannt.

Wichtig: Der Spannungsbereich dazwischen ist nicht definiert und die Ergebnisse sind rein zufällig!

Zusammenfassung:

- Prellen eines Schalters mit Abhilfe
- Spannungsbereiche an den Eingängen
- Signalabfragen
- Schaltbedingungen
- Schrittketten

7.2 Aufgabe 3: Zeitverzögertes Abschalten nach einem Tastendruck

In dieser Aufgabe soll die Gestaltung eines Unterprogramms zur Erzeugung von Zeiten vorgestellt werden. Zeiten sind ein großes Thema bei Mikrocontrollern. Jeder möchte zwar, dass sein Computer so schnell wie möglich arbeitet, aber in Wirklichkeit wartet der PC dabei die meiste Zeit auf die Eingaben seines Benutzers.

In den letzten zwei Aufgaben wurde die Erfassung von Ereignissen in Form von Eingangssignalen vorgestellt. Nun soll ein kurzes Ereignis um eine feste Zeit verlängert werden. Im Hausgebrauch kennt man zum Beispiel das Treppenhauslicht, das dieser Funktion entspricht. Es wird kurz auf den Schalter gedrückt und das Licht erlischt selbständig nach einer festen Zeit.

In dieser Aufgabe wird eine Taste gedrückt und die Leuchtdiode geht an. Wird die Taste wieder freigegeben, erlischt die Leuchtdiode erst nach einer im Programm festgelegten Zeit – hier in dieser Aufgabe werden es etwa 250 ms sein. Das ist zwar nur eine sehr kurze Zeitspanne, aber man kann den Effekt trotzdem mit dem bloßem Auge wahrnehmen.

Der Funktionsablauf in Worten:

Taste S1 drücken -> LED D0 AN -> warten bis S1 losgelassen -> 250 ms warten -> D0 AUS

Und dann das ganze wieder von vorne als Endlosschleife.

Auch hier noch einmal der Ablauf des Programms graphisch dargestellt:

Im Zusammenhang mit der Entwicklung von Zeitschleifen soll auch die Simulation und das Messen von Programmlaufzeiten in MPLAB vorgestellt werden.

Hierfür enthält MPLAB den Programmteil **SIM**. Dieses Tool findet man in der Rubrik »***Debugger***«.

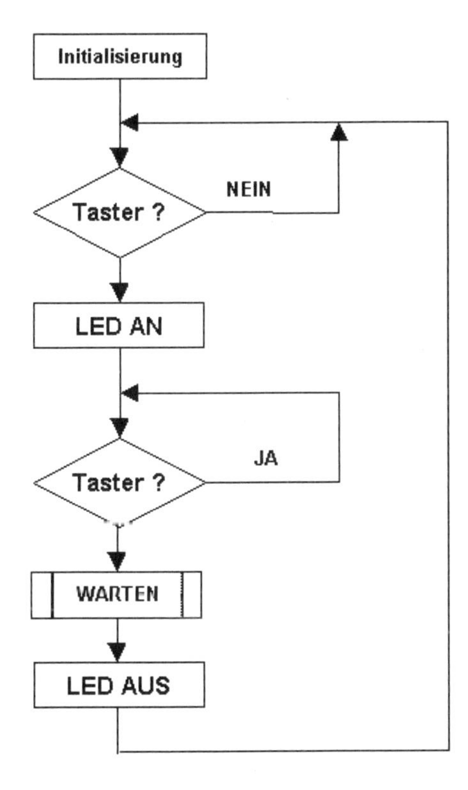

Abb. 25: Flussdiagramm zur Aufgabe 3

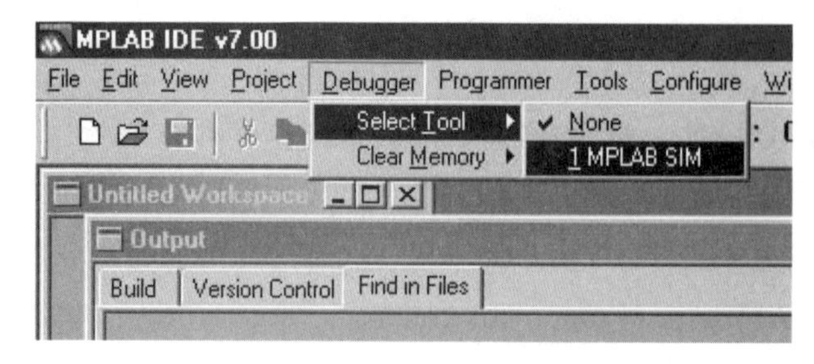

Mit dieser Programmfunktion kann man Programme ganz oder zum Teil als Simulation auf dem Bildschirm ablaufen lassen. Dabei ist es unter anderem möglich, sich den Inhalt von den diversen Registern anzeigen zu lassen, oder die für die Abarbeitung von Befehlen benötigte Zeit mit einer »*StopWatch*« zu messen. Natürlich hilft einem diese Funktion auch, um Fehler im Programm zu beheben.

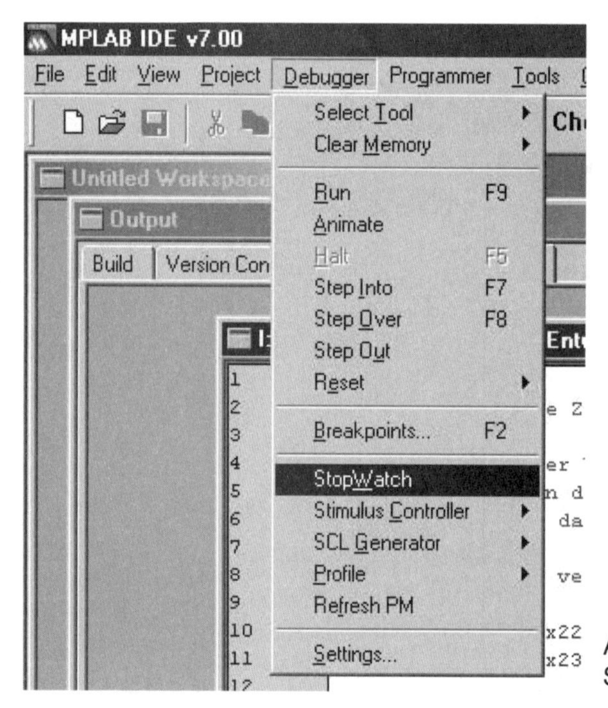

Abb. 26: Aktivieren der Stoppuhr

Was nicht ganz einfach ist, ist die Simulation von Ereignissen an den Eingängen. Hier soll aber in erster Linie die »*StopWatch*« vorgestellt werden. Mit der kann man die Laufzeiten der erstellten Unterprogramme messen. Die Stoppuhr findet man nach Aktivierung von MPLAB SIM in der Rubrik »***Debugger***«. Was aber auf jeden Fall vor Benutzung der Stoppuhr-Funktion beachtet werden muss, um richtige Zeiten zu ermitteln, ist, dass man die »***Processor Frequency***« in »***Setting***« auf den richtigen Wert setzt. In diesem Fall muss hier eine 4 für 4 MHz eingetragen werden. »***Setting***« findet man in der letzten Zeile der Rubrik »***Debugger***«.

Um diese Funktion testen zu können, gibt es auf der CD das kleine Programm »**Zeitsim.asm**«. Wie das Programm arbeitet, wird im Anschluss erklärt, hier soll erst einmal die Bedienung von MPLAB SIM vorgestellt werden. Dies geschieht mit den zum Teil von einem CD-Player her bekannten Symbolen.

Abb. 27: Bedienelemente des Simulationstools

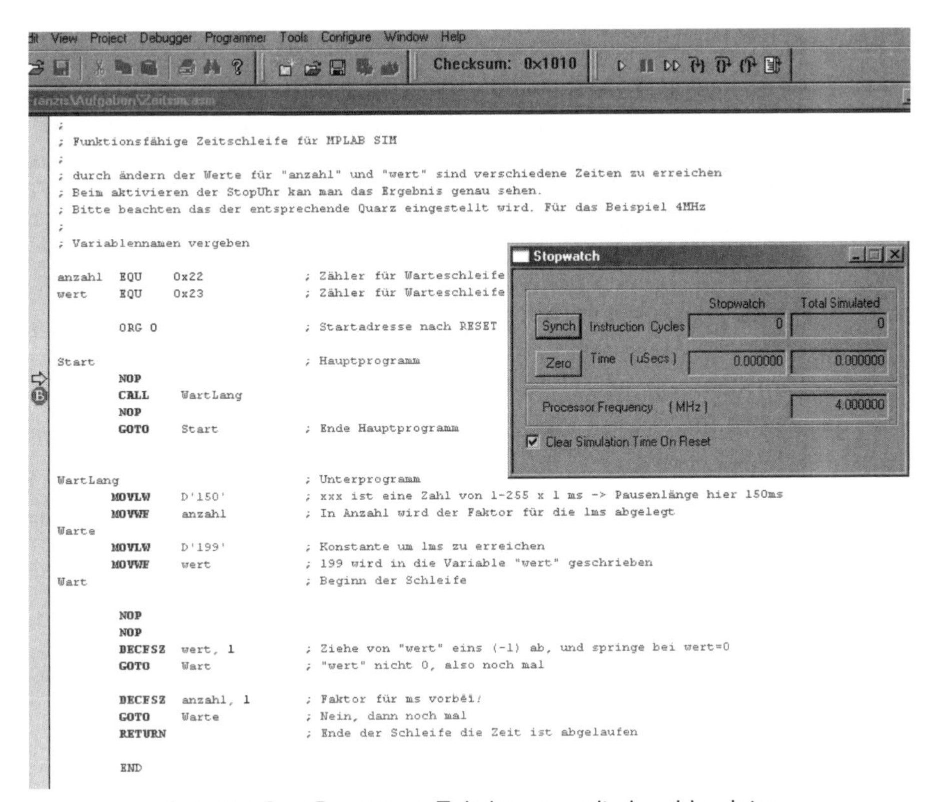

Abb. 28: Das Programm Zeitsim.asm mit eingeblendeter Stoppuhr und gesetztem Breakpoint

Geht man langsam mit der Maus über die Symbole, erscheint in einem Textfenster die Funktion des Symbols. Der Doppelpfeil steht für ‚Animate', dabei wird das Programm in sichtbaren Schritten auf dem Monitor abgearbeitet. In dem dargestellten Screenshot kann man dies nun einmal alles sehen.

Der kleine Pfeil auf der linken Seite markiert die Stelle, an der sich die Simulation gerade befindet. Dies ist wichtig, wenn ‚Animate' eingeschaltet ist.

Ein Breakpoint dient dem automatischen Stoppen der Simulation an diesem Punkt. Gesetzt wird er durch einen Doppelklick auf die Zeile. Auf die gleiche Art kann er auch wieder gelöscht werden. Startet man nun die Simulation mit einem – wie im Bild gezeigten – Breakpoint, sollte die Stoppuhr im ersten Schritt 1 µ-Sekunde anzeigen, da nur ein Befehl abgearbeitet wurde. Betätigt man noch einmal »***RUN***«, sollte die Uhr 149,86 ms Anzeigen. Ist dies nicht der Fall, hat man wahrscheinlich vergessen, die Prozessor-Frequenz einzustellen.

Möchte man die Simulation erneut starten, kann man auch einen RESET mit dem auf der rechten Seite befindlichen gelben Symbol auslösen.

Beim Arbeiten mit der Simulation können sehr viele Fenster auf dem Bildschirm erscheinen. Normalerweise ist immer das aktive Fenster im Vordergrund, aber manchmal muss man schon etwas suchen, um herauszufinden, wo sich das gewünschte Fenster gerade versteckt hat. Hier arbeiten Profis natürlich mit zwei Monitoren, aber wer hat den Luxus schon zu Hause beim Basteln?

Nun aber zurück zur eigentlichen Aufgabe:

Etwas, was in dieser Aufgabe neu ist, ist die Deklaration von Variablen und der Zuweisung ihrer Adressen. Die erste freie Adresse, die von einem Programmierer in dem PIC 12F629/675 benutzt werden kann, ist die Adresse H'0020'. Die davor liegenden Adressen sind für den Controller reserviert. In diesem Bereich liegt zum Beispiel das STATUS-Register.

Der Name für eine Variable kann fast frei gewählt, aber jeder Name darf nur einmal benutzt werden und gehört danach auch zu den ‚reservierten Wörtern'.

Achtung: Der Compiler unterscheidet hier zwischen Groß- und Kleinschreibung.

Hier können schon Tippfehler zu Fehlermeldungen des Compilers führen!

```
;**********************************************************************
; Deklaration der Variablen und Konstanten
;**********************************************************************
;
;                  Beschreibung
AUTO  EQUH'0020'   ; Erste freie Adresse für eine Variable
HELP  EQUH'0021'   ; Hilfsvariable für verschiedene Aufgaben. Achtung, der
                   ; Inhalt wird nie gerettet!
... hier  kann man die Liste fortsetzen, für weiter benötigte Variablen
```

Abb. 29: Beispiel zur Deklaration von Variablen.

Die Zuweisung des Namens zu einer Adresse erfolgt durch die drei Buchstaben EQU. Hier spielt die Schreibweise groß oder klein allerdings keine Rolle. EQU steht für »equal« (gleich). Natürlich könnte man hier immer anstatt des Namens auch die absolute Adresse für das Register im Listing schreiben.

Zurück zur Aufgabe: Wie man einen Taster – oder besser gesagt: einen Eingang – einliest, wurde in den letzten zwei Aufgaben vorgestellt. In der letzten Aufgabe wurde auch erklärt, dass nicht jeder Tastendruck auch für einen Mikrocontroller ‚nur' ein Tastendruck ist. An diese Problematik werden wir uns in dieser und in der folgenden Aufgabe heranarbeiten.

Als erstes betrachten wir noch einmal die Aufgabenstellung:

Taste S1 drücken -> LED D0 AN -> warten bis S1 losgelassen ->
250 ms Warten -> D0 AUS

Muss bei dieser Aufgabe das Prellen einer Taste berücksichtigt werden ?

Hier kann man geteilter Meinung sein.

Der eine wird sagen: »Ja, die Leuchtdiode kann für einige wenige µ-Sekunden abschalten, aber das wird man mit dem Auge nicht sehen können.«

Aber so kann man auch sagen: »Nein, es muss nicht berücksichtigt werden, da man es nicht sehen kann.« – Und die vorgestellte Lösung hier geht auch davon aus, dass keine besonderen Vorkehrungen getroffen werden müssen, um das Prellen der Taste abzufangen.

Wer nun einmal selbst die Lösung für Aufgabe 3 erarbeiten möchte, möge sich doch ausführlich mit dem Quellcode für die Simulation beschäftigen.

Um zu einer Lösung zu kommen, muss man das Simulationsprogramm und einen Teil von Aufgabe 2 miteinander verbinden.

Das Ergebnis der Programmteile:

```
;*************************************************************************
; Hauptprogramm
;*************************************************************************
;
HAUPT           ; Beginn des Hauptprogramms
  btfsc GPIO,3 ; Abfragen des Einganges GPIO3, ob Taster gedrückt wird
  goto  HAUPT  ; Taste nicht gedrückt, springe zur Marke »HAUPT«

  bsf   GPIO,4 ; Löschen des Bits für die Leuchtdiode
Frei
  btfss GPIO,3 ; Abfragen des Einganges GPIO3, ob Taster gedrückt wird
  goto  Frei   ; Taste nicht gedrückt, springe zur Marke »HAUPT«

  movlw D'249' ; Dezimalwert für die Zeitkonstante zur Übergabe
  movwf help   ; Schieben des Wertes in die Variable »help«
  call  PAUSE250ms        ; Aufruf des Unterprogramms »PAUSE250ms«

  bcf   GPIO,4 ; Löschen des Bits für die Leuchtdiode

  goto  HAUPT
;*************************************************************************
; Ab hier folgen die Unterprogramme
;*************************************************************************
; Mögliche Standardwarteschleife für 1 ms bei 4 MHz Systemtakt
;
PAUSE1ms            ; Label, wo die Standardwarteschleife beginnt
  movlw  D'199'     ; Dezimalwert für die Zeitkonstante damit PAUSE = 1ms ist
  movwf  schleife   ; Schieben des Wertes 199 in die Variable »schleife«
                    ; Ende der Starteinstellungen für »PAUSE1ms«
PAUSEE              ; Einsprungstelle für Pausenschleifen
  nop               ; NOPs -> mache zwei Taktzyklen lang nichts
  nop               ; Verstrichende Zeit = 2µs
  decfsz schleife,1; Dekrementiere »schleife« um 1 und schreibe das
                    ; Ergebnis zurück in »schleife«
  goto   PAUSEE     ; Ist die Zeit verstrichen? Nein, dann springe zurück zu
                    ; »PAUSEE«
                    ; Neuer Durchlauf bis »schleife« = 0
  return
; Mögliche Standardwarteschleife für Zeiten zwischen ~ 2 und 256 ms
;
PAUSE250ms          ; Übergabe der Konstante an help erfolgt vor dem Aufruf
                    ; der Zeitschleife im Hauptprogramm
  call   PAUSE1ms
  decfsz help,1     ; Dekrementiere »help« um 1 und schreibe das Ergebnis
                    ; zurück in »schleife«
  goto   PAUSE250ms ; Ist die Zeit verstrichen? Nein, dann springe zurück
                      ; zu »PAUSE250ms«Neuer Durchlauf bis »schleife« = 0
  return

  end
```

Abb. 30: Quellcode zur Aufgabe 3

Dieses Prinzip der ‚Programmbausteine' sollte man sich immer offen halten. Wenn man sich die Frage beantwortet: »Kann ich etwas aus einem bereits geschriebenen Programm wieder verwenden?«, lässt sich unter Umständen schon recht viel Zeit sparen. Deshalb ist es hilfreich, sich selbst im Laufe der Zeit eine kleine »Prögrämmchensammlung« zuzulegen, in der oft benutzte Funktionen als Unterprogramme zusammengestellt werden, wie zum Beispiel: Zeitschleifen, Abfragen von Eingängen oder das Laden von Bitmustern, oder oder oder...

Alle hier vorgestellten Lösungen stellen in sich keine ‚großen' Programme dar, sie sollen helfen, eigene Projekte zu meistern und Anregungen zu eigenen Lösungen geben.

Im Hauptprogramm wird wieder die Abfrage der Taste abgearbeitet.

Als ein neuer Befehl kommt nun der *CALL*-Befehl hinzu. Mit ihm wird das Unterprogramm »PAUSE250ms« aufgerufen. Jedes Unterprogramm muss mit einem *RETURN* beendet werden, sonst findet der Compiler nicht zur Ausgangsadresse zurück, an dem er das Hauptprogramm verlassen hat und das Hauptprogramm würde nicht in der gewünschten Folge abgearbeitet werden.

Tipp: Beim Schreiben eines Unterprogramms immer mit dem *RETURN*-Befehl beginnen und den Code für das Unterprogramm davor einfügen, so vergisst man nicht, das Unterprogramm korrekt zu beenden. Gleiches gilt für das ‚END' in einem Hauptprogramm.

Sehr wichtig ist auch, dass Unterprogramme getrennt vom Hauptprogramm geschrieben werden. Man darf nicht ohne weiteres den Quelltext für ein Unterprogramm an die Stelle im Hauptprogramm schreiben, wo es aufgerufen wird.

In der Struktur eines Assemblerprogramms muss man die Unterprogramme hinter dem Hauptprogramm einfügen. Der Compiler findet die Programmteile über das Sprunglabel wieder. Voraussetzung hierfür ist selbstverständlich, dass das Hauptprogramm als eine Endlosschleife geschrieben ist!

Initialisierung

Hauptprogramm

Unterprogramme

Tabellen ; Folgen später

END ; Immer die letzte Zeile in einem Programm

Steht das Unterprogramm an der falschen Stelle, kann es unter anderem dazu kommen, dass es doppelt ausgeführt wird. Wäre das Hauptprogramm keine Schleife, würden die Unterprogramme erneut abgearbeitet werden.

Zurück zur Aufgabe:

Das Unterprogramm »PAUSE250ms« ist so aufgebaut, dass eine Zeit von einer Millisekunde 249 mal ausgeführt wird. Da es auch Zeit für die Steuerung der Unterprogramme braucht, kommt man insgesamt auf etwa 250 ms.

Die Pause von einer Millisekunde ergibt sich aus den 199 Durchläufen für die fünf Taktzyklen:

```
PAUSEE
        NOP                     ; 1 µ-Sekunde
        NOP                     ; 1 µ-Sekunde
        DECFSZ   Schleife,1     ; 1 µ-Sekunde
        GOTO     PAUSEE         ; 2 µ-Sekunden
                                ; 5 µ-Sekunden . 199 = 995 µ-Sekunden
```

Weitere 4 µ-Sekunden benötigt man für das Hinein- und Herausspringen aus dem Unterprogramm, so dass man alles in allem auf 999 µ-Sekunden kommt.

Mit diesem kleinen Fehler in der Zeit kann man in vielen Fällen leben. Benötigt man aber eine genauere Zeit, so muss man sich diese auf andere Weise erzeugen.

Möchte man eine Uhr programmieren, ist es sinnvoll, auch einen Uhrenquarz einzusetzen. Dieser arbeitet mit einem Vielfachen der Frequenz von 3,2768

(32,768 kHz oder 3,2768 MHz) und dem internen Zähler des Controllers. Dann ist man in der Lage, auch auf die Millisekunde genau zu arbeiten.

Auf diese Weise kann man auch, je nach Quarzfrequenz, seine eigene Zeitschleife gestalten. Bedenken muss man dabei nur die Zeit, die der Controller für die Abarbeitung der benutzten Befehle benötigt. Ist man sich unsicher oder möchte wissen, wie groß der Fehler in dem eigenen Programm wird, so kann man die Zeit mit der Stoppuhr ermitteln und seine Rechnung überprüfen.

Noch ein Beispiel:

Nimmt man nun aber einen Quarz mit 20 MHz. Dann benötigt ein PIC-Controller nur noch 200 ns Sekunden für die Abarbeitung eines einfachen Befehls.

Nimmt man diese 20 MHz als Grundlage für die vorgestellte Zeitschleife von 1 µ-Sekunde, würde diese nur noch 5*0,2 µ-Sekunden betragen. Das würde bedeuten, dass die Zeitschleife statt 1 ms nur etwa 200 µ-Sekunden dauern würde.

Benötigt man nun keine Impulsverlängerung, sondern eine feste Schaltzeit, die durch einen Impuls ausgelöst wird, kann man diese Aufgabe leicht dahingehend ändern.

Zusammenfassung:

- Deklaration von Variablen
- Unterprogramme
- Zeiten – und wie genau sie sein sollten
- Programme aus Stücken zusammensetzen
- Zeiten messen mit MPLAB SIM

7.3 Aufgabe 4: Blinken zweier Leuchtdioden, mit Starten durch einen Tastendruck

Auch in diesem Buch kommt sie, die Standardaufgabe aller Mikrocontrollerbücher:

Das Blinklicht!

Aber ein Blinklicht spielt eben im Hobbybereich auch eine große Rolle. Wer hat nicht als erstes ein Blinklicht gebaut, um etwas zu beleuchten? Darum soll hier auch eine Lösung mit dem PIC-Controller kurz vorgestellt werden.

Das Starten der Blinksequenz ist als kleine Erweiterung gedacht, um gezielt zu erkennen, dass das Programm anläuft. Wenn man darüber hinaus das Blinken mit derselben Taste eventuell wieder abschalten können möchte, dann sollte jeder an dieser zusätzlichen Funktion interessierte Leser sich schon einmal nebenbei Gedanken dazu machen, wie dann das Flussdiagramm entsprechend erweitert werden müsste. Ein Lösungsvorschlag hierzu folgt aber erst später.

Zu beachten ist, dass der Controller die meiste Zeit mit Zählen verbringt und sich insgesamt in einer Endlosschleife befindet!

Der Funktionsablauf von Aufgabe 4 in Worten:

Taste S1 drücken -> LED D0 AN -> Zeit -> LED D0 AUS -> Zeit -> ...

Programmtechnisch gesehen entspricht die Lösung der Aufgabe fast der vorherigen, auch wenn sich die Flussdiagramme nicht so sehr ähnlich sehen.

Der Ablauf des Programms funktioniert wie folgt:

Es wird der Eingang GPIO 3 abgefragt und es wird weiter geschaltet, wenn dieser **nicht** gesetzt ist.

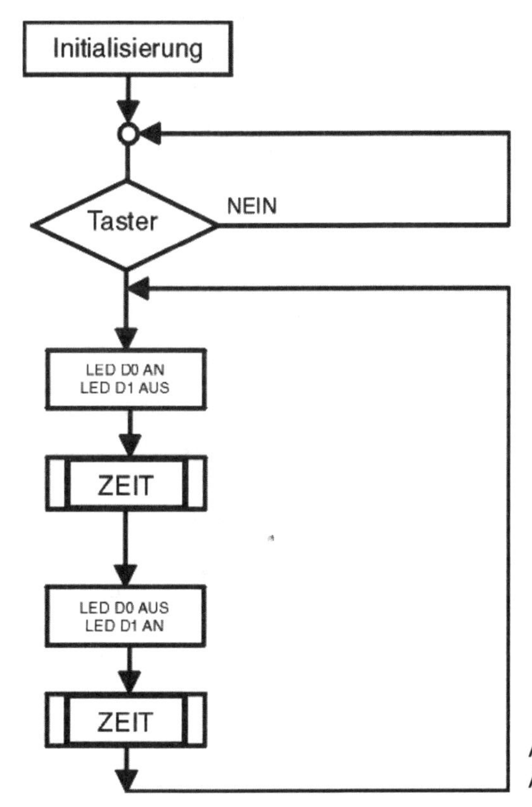

Abb. 31: Flussdiagramm zu Aufgabe 4

Achtung: Zur Erinnerung: Die Taste arbeitet invers! Im Flussdiagramm ist die Abfrage der Betätigung der Taste dargestellt.

Im nächsten Schritt wird die Leuchtdiode D0 eingeschaltet, danach läuft die ZEIT ab. Nun kommt aber die Änderung: es wird nicht zurückgesprungen. Es wird die Leuchtdiode automatisch wieder abgeschaltet und es verstreicht erneut **dieselbe** Zeitspanne. Nun wird erst zurückgesprungen, aber nicht zur Abfrage des Eingangs, sondern zum erneuten Einschalten der Leuchtdiode. Dies wiederholt sich nun endlos, solange kein Fehler auftritt.

Übergibt man vor dem Aufruf von ZEIT verschiedene Werte an dieses Unterprogramm, sind auch unterschiedliche Einschaltzeiten der Leuchtdiode möglich. Hierzu muss man die Dezimalzahl, die in die Variable »help« geschrieben wird, verändern.

Das, was in dieser Aufgabe vorgestellt werden soll, bezieht sich auf die Vereinbarung von selbst definierten Variablen und die dadurch bessere Lesbarkeit von Programmen.

Bis jetzt wurde die Leuchtdiode immer durch Setzen oder Löschen des ihr zugehörigen Ausgangsbits geschaltet. Bei zwei oder mehr Leuchtdioden müssten dann in dieser Schaltung schon mehrere Bits beeinflusst werden, was sich aber schwer überblicken lässt. Hier kann man sich das Leben erleichtern, indem man sich im Programmkopf Muster für das Schalten der Leuchtdioden anlegt. Dies kann man auch für die TRISIO-Register machen. So kann man durch zwei der nach ihrer Aufgabe her benannten Variablen leicht die gewünschte Leuchtdiode schalten. Die Zuweisung eines fast frei zu wählenden Namens (nur benutzte Wörter dürfen nicht erneut für die Variable genommen werden), erfolgt mit dem Text »#define ***name*** **Wert**«. Die Angabe des Wertes für die Variable kann in beliebiger Schreibweise erfolgen. Hier wurde die binäre Schreibweise gewählt.

Hier nun die Definition der Variablen für die vorgestellte Schaltung. Um diese Zeilen sollte man zum Beispiel die Datei »Konfig_Bits« erweitern, da man dies sicher immer beim Arbeiten mit den Leuchtdioden und dieser Platine benutzen wird.

```
; Einstellungen für die I/Os zum Schalten der LEDs

#define TRIS_D0_D1 B'00001111'   ; TRISIO Einstellung für D0 and D1
#define TRIS_D2_D3 B'00101011'   ; TRISIO Einstellung für D2 and D3
#define TRIS_D4_D5 B'00011011'   ; TRISIO Einstellung für D4 and D5
#define TRIS_D6_D7 B'00111001'   ; TRISIO Einstellung für D6 and D7

; Masken für das Einschalten der LEDs
#define D0_AN   B'00010000'          ; D0 LED ein
#define D1_AN   B'00100000'          ; D1 LED ein
#define D2_AN   B'00010000'          ; D2 LED ein
#define D3_AN   B'00000100'          ; D3 LED ein
#define D4_AN   B'00100000'          ; D4 LED ein
#define D5_AN   B'00000100'          ; D5 LED ein
#define D6_AN   B'00000100'          ; D6 LED ein
#define D7_AN   B'00000010'          ; D7 LED ein
```

Abb. 32: Definition der Variablen zum Schalten der Leuchtdioden

Für die Aufgabe 4 werden nur die Variablen zu den Leuchtdioden D0 und D1 benötigt. Möchte man nun einmal als Beispiel die Leuchtdiode D6 einschalten, muss man dafür folgende Variablen und Befehle benutzen:

```
; Programmausschnitt zum Steuern von LED 6
  movlw  TRIS_D6_D7       ; Definition der Pins für D6_D7
  movwf  TRISIO           ; Schreiben ins TRISIO-Register
  movlw  D6_AN            ; Setzen der gewünschten LED durch definierte
                          ; Maske, hier D6
  movwf  GPIO             ; Schieben des geladenen Wertes ins
                          ; Ausgangs-(GPIO-) Register
```

Abb. 33: Einschalten der Leuchtdiode D6

Als erstes lädt man mit TRIS_D6_D7 die Beschaltung der Pins, also welcher Pin Ein- oder Ausgang werden muss, und schiebt die Daten ins TRISIO-Register. Hierbei ist es ohne Bedeutung, welche Funktion die Pins vorher hatten. Viel wichtiger ist, dass die angeschlossene Hardware ein Umschalten der Richtungen im Betrieb zulässt und dadurch nicht eventuell der Controller oder andere Bauteile zerstört werden.

Wenn man sich die definierten TRIS-Variablen genau anschaut, sieht man auch, dass der Pin 4 »GPIO3« für die Taste SW1 immer mit einer 1 als Eingang definiert ist.

Hier zur Erinnerung noch einmal die Pin-Tabelle, aufgeschlüsselt für TRIS_D6_D7:

Abb. 34: Tabelle zur Pin-Definition für TRIS_D6_D7

Pin 12F629								
Port	GPIO 0	GPIO 1	GPIO 2	GPIO 3	GPIO 4	GPIO 5		
Bit	7	6	5	4	3	2	1	0
Wert	1	0	0	1	1	1	0	0
Eigenschaft	Eingang	Ausgang	Ausgang	Eingang	Eingang	Eingang	x	x

Die Definition der Variablen für das Setzen der Leuchtdioden unterliegt den gleichen Regeln, wie sie eben beschrieben wurden. Hier ist nur zu beachten, dass immer nur **eine** Leuchtdiode zur selben Zeit eingeschaltet werden kann, denn dies ist vom Schaltungsaufbau so vorgegeben. Wird eine Leuchtdiode mit einer der Variablen eingeschaltet und sollte gleichzeitig auch eine andere an sein, so erlischt diese. Möchte man trotzdem zwei oder mehr Leuchtdioden für das menschliche Auge sichtbar einschalten, ist dies durch ein schnelles Schalten zwischen den Leuchtdioden möglich. Dies ist ein gängiges Verfahren in der Industrie und viele Geräte arbeiten mit diesem Trick. Es ist aber nicht mal eben mit dem Hintereinanderschreiben der Variablen getan. Möchte man ein Mehrfachleuchten in dieser Schaltung realisieren, ist ein komplett anderer Lösungsweg in der Software zu wählen. Für eigene Projekte sollte man sich am Anfang den Luxus leisten, für jede Leuchtdiode oder jeden Schalter einen Pin zu spendieren. Die Kosten für diesen Luxus halten sich in Grenzen und es erleichtert einem das Leben sehr.

Bei dem Ansatz für eine Lösung mit zwei Leuchtdioden ist zu beachten, dass der Controller während des Wartens ständig zwischen den verschiedenen Ausgangsmustern hin- und herschalten muss und sich nicht mit dem Zählen auf diese Art beschäftigen kann. Eine elegante Lösung wäre es daher, auf den integrierten Zähler des Controllers als zeitsteuerndes Element zurückzugreifen. Hierbei ist es dann aber erforderlich, mit Interrupts zu arbeiten. Dazu allerdings später mehr.

Hat die Schaltung genügend freie Leuchtdioden, kann man sich mit Hilfe eines zeitgesteuerten Ablaufs und mit definierten Bitmustern in einer Tabelle eine eigene Ampel oder Leuchtreklame programmieren.

Zusammenfassung:

- Wiederholung: Pin Konfiguration
- Definition von Variablen als Bitmuster

7.4 Aufgabe 5: Zählen von Impulsen am Eingang GPIO 3

Mit dieser Aufgabe soll unter anderem noch einmal das Problem eines prellenden Tasters veranschaulicht werden. Das Prellen sieht man besonders, wenn man einen einfachen, zusätzlichen Taster benutzt.

In der Grundausführung des PICkits 1 sind nur acht Leuchtdioden auf der Platine montiert. So kann das Programm, ohne weitere Kniffe zu machen, nur von 0 – 7 oder 1- 8 zählen. Das soll aber nicht weiter stören, denn um die Technik der Aufgabenlösung zu beschreiben, reicht dies völlig aus. Wer möchte, kann die weiteren vier Leuchtdioden montieren und das Programm anpassen.

Als erstes kommt die wichtigste Frage der Aufgabe: wie zähle ich mit einem Controller?

Zum Beispiel:

Taste drücken -> LED Dx AN -> Taste loslassen -> Zähler erhöhen -> von vorne oder

Taste drücken -> Zähler erhöhen -> Taste loslassen -> LED Dx AN -> von vorne

Der Unterschied liegt in dem Moment, wenn der Zähler um eins erhöht wird. Dies hat Einfluss auf das gesamte Programm, vor allem auf die Abfrage, wann der maximale Wert des Zählers erreicht wird – denn dies ist vom Wert her um eine Stelle unterschiedlich! In dieser Aufgabe soll der erste Weg beschrieben werden.

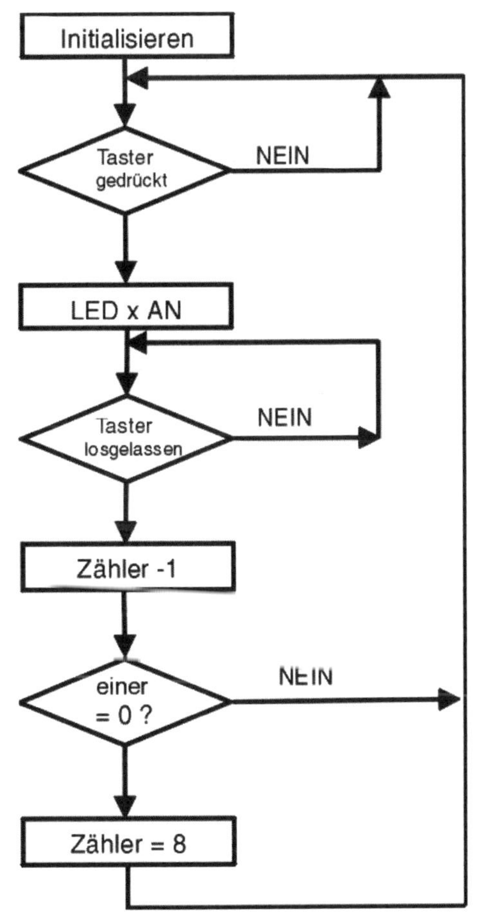

Abb. 35: Flussdiagramm zu Aufgabe 5

Die vorgestellte Struktur fordert: Drückt man einmal auf die Taste SW1, soll der Zählwert per Leuchtdiode angezeigt werden. Das bedeutet, nach dem ersten Tastendruck soll die LED 0 eingeschaltet werden und das, bevor die Taste wieder losgelassen wurde. Damit nun der Zähler nicht während des Tastendrucks ständig erhöht wird, muss der Controller erst auf das Ende des Tastendrucks warten. Danach wird im Zähler der Wert geändert. Als Zähler dient das Register 0x0022, das den Namen »**einer**« im Programmkopf zugewiesen bekommen hat.

Um die Abfrage des Endzählwertes etwas zu vereinfachen, wird hier nun nicht ‚rauf', sondern von acht an ‚runter' gezählt. So kann man das ‚Zählen' und das ‚Nach-dem-Wert-NULL-Fragen' mit der Anweisung: »*DEFSZ einer,1*« erledigen.

Ist der Zähler ‚null' 0 wird am Ende des Programms das Register »**einer**« wieder mit acht geladen und das Zählen beginnt von vorne.

Hinter dem Kästchen »LED x AN« verbergen sich zwei Tabellen, die nacheinander wie ein Unterprogramm mit dem Befehl »*CALL*« aufgerufen werden. Die Vereinfachung liegt darin, dass, obwohl mehrere Informationen geladen werden müssen, um eine Leuchtdiode anzusteuern, nur ein Registerwert mit einer Zahl zur Verfügung stehen muss, um die verschiedenen benötigten Informationen nacheinander zu erhalten.

Dies ist der Trick an diesem Zählprogramm, das leicht bis auf 255 Zeilen erweitert oder auch mit anderen Leuchtdiodenmustern benutzt werden könnte und sich auf jeden anderen PIC-Controller auch mit mehreren Pins anpassen lässt.

Hier nun das Programm:

```
;***********************************************************************
; Hauptprogramm
;***********************************************************************
START
  btfsc  GPIO,3        ; Abfragen des Eingangs GPIO3, ob Taster gedrückt wird
  goto   START         ; Taste nicht gedrückt, springe zur Marke »START«

  movfw  einer         ; Laden der Variablen »einer« in das W-Register
  call   TabellePIN    ; Sprung zum Label »TabellePIN« zum Laden der Pin-
                       ; Variablen

  bsf    STATUS,RP0    ; Auswahl Bank 1
  movwf  TRISIO        ; Setzen der aktuellen Pin-Konfiguration
  bcf    STATUS,RP0    ; Auswahl Bank 0

  movfw  einer         ; Laden der Variablen »einer« in das W-Register
  call   TabelleLED    ; Sprung zum Label »TabelleLED« zum Laden der LED-
                       ; Variablen
  movwf  GPIO          ; Schalten der Leuchtdioden
WARTE
  btfss  GPIO,3        ; Abfragen des Einganges GPIO3, ob Taster gedrückt wird
  goto   WARTE         ; Taste noch gedrückt, springe zur Marke »WARTE«

  decfsz einer,1       ; Tastendruck zählen in Variable »einer« bis 0 erreicht
                       ; ist
  goto   START         ; Zurück zu »START« bei nicht 0
                       ; Bei 0 geht es hier weiter
  movlw  D'8'          ; Laden der Konstanten »acht«
  movwf  einer         ; Erneutes Setzen von »einer« auf »acht«

  goto   START         ; Und von vorne
  ...                  ; Hier folgen die Tabellen und END
```

Abb. 36: Das Programm zur Aufgabe 5

In dieser Aufgabe werden auch die Eigenschaften der I/O Pins das erste Mal im Betrieb geändert, um jede Leuchtdiode ansprechen zu können. Dies geschieht, wie in der letzten Aufgabe beschrieben, über eine Tabelle, aus der zu jedem Zählerwert die aktuelle Pin-Konfiguration geladen und in das TRISIO-Register des Controllers geschrieben wird. Wichtig hierbei ist, dass die Bank des Controllers im Betrieb gewechselt werden muss, da das TRISIO-Register nur in Bank 1 vorhanden ist. Danach darf das Zurücksetzen der Bank aber nicht vergessen werden.

Achtung: MPLAB meldet in der Standardeinstellung beim Kompilieren Register, die nicht in Bank 0 liegen, mit der Meldung [302]
»Register in operand not in bank 0. Ensure that bank bits are correct.«

Diese Meldung kann unterdrückt werden, indem im Compiler die Zeile

```
ERRORLEVEL -302
```

eingefügt wird. Diese Zeile ist in allen Übungsaufgaben eingefügt und in dieser Aufgabe mit einem Semikolon am Anfang der Zeile deaktiviert, um diese Meldung kennenzulernen.

Alle anderen Befehle sind schon aus den vorherigen Aufgaben bekannt.

Nun zu der Technik mit den Tabellen. Diese Tabellen haben eine große Bedeutung bei der Programmierung und werden für die verschiedensten Aufgabenstellungen als Lösungen eingesetzt. Neben Mustern zur Steuerung von Leuchtdioden oder Leuchtreklamen kann man in den Tabellen auch die Geschwindigkeit für einen Motor oder den Verlauf einer Sinusfunktion ablegen. Kurz, alles was sich irgendwie in einer Tabelle in Bits dargestellt ablegen lässt, kann so abgearbeitet werden.

Das Arbeiten mit Tabellen ist bis zu einer Größe von 254 Zeilen in den hier vorgestellten PIC-Controllern recht einfach.

Vor dem *CALL*-Befehl, der zur Tabellenanfangsadresse führt, wird die Adresse der gewünschten Tabellenzeile (0-254), in diesem Beispiel der Wert des Zählers, ins W-Register geladen.

Der erste Befehl, der an dem Label der Tabelle steht, ist der Additions-Befehl *ADDWF*. Dieser addiert das W-Register zu einem beliebigen zweiten Register. Um nun die Tabellenadresse zu erzeugen, wird das W-Register mit dem Register »PCL« addiert und das Ergebnis in das PCL-Register geschrieben. Die drei Buchstaben PCL stehen für »Program Counter's (PC) Least Significant Byte« – Die unteren acht Bit des Programmzählers. Dieser Wert zeigt nun auf die abzuarbeitende nächste Zeile des Programms.

Achtung: Das PC Register ist nicht acht, sondern 13 Bit breit! Hier kann es bei einem Überlauf durch eine Addition zu Fehlern kommen!

Beeinflusst man das PCL-Register bewusst, kann von der Zeile, in der man sich befindet, zu einer anderen Zeile gezielt gesprungen werden. Zum Beispiel zu dem gewünschten Tabellenwert.

In der Zeile mit dem Tabellenwert sollte dann der Befehl *RETLW* mit einer Konstanten stehen. Diese Konstante wird in das W-Register geladen und steht nach der Rückkehr zum *CALL*-Befehl +1 Zeile im nächsten Schritt für die folgende Operation zur Verfügung.

```
;***************************************************************************
; Tabellen zum Steuern der Leuchtdioden
;***************************************************************************
TabelleLED
        addwf    PCL,1
        nop                ;+0
        retlw    D7_AN     ;+1
        retlw    D6_AN     ;+2
        retlw    D5_AN     ;+3
        retlw    D4_AN     ;+4
        retlw    D3_AN     ;+5
        retlw    D2_AN     ;+6
        retlw    D1_AN     ;+7
        retlw    D0_AN     ;+8
TabellePIN
        addwf    PCL,1
        nop
        retlw    TRIS_D6_D7
        retlw    TRIS_D6_D7
        retlw    TRIS_D4_D5
        retlw    TRIS_D4_D5
        retlw    TRIS_D2_D3
        retlw    TRIS_D2_D3
        retlw    TRIS_D0_D1
        retlw    TRIS_D0_D1
```

Abb. 37: Die Tabellen für die Ansteuerung der Leuchtdioden zur Aufgabe 5

Die Zeile mit dem »*NOP*« Befehl ist ein, so kann man sagen, Korrekturwert. Der Zähler arbeitet rückwärts. Wenn das Programm startet, hat der Zähler den Wert 8 und es soll die Leuchtdiode D0 eingeschaltet werden. Wenn also ‚acht' auf das PCL-Register ‚drauf' addiert wird, muss der entsprechende Wert ‚acht' Zeilen tiefer stehen. Natürlich könnte der Startwert auch auf ‚sieben' geändert werden, um diese *NOP*-Zeile zu sparen, nur würde so, wie der Zähler gestaltet ist, der Wert ‚null' 0 nie in die Tabelle übertragen werden. Dieser Wert dient **nur** der Erkennung, dass der Zählvorgang neu gestartet werden muss und ist deshalb nicht zu vernachlässigen. Möchte man von 0 – 7 zählen, geht das natürlich auch, aber man müsste die Zählschleife in sich anders gestalten. Allgemein sei hier noch der Hinweis gegeben, dass man bei der Verwendung solcher Tabellen aber darauf achten muss, dass der *ADDWF*-Befehl nur 8 Bit breit ist, der ‚Programcounter' (Programmzähler) aber viel breiter ist (13 Bit). Ein Übertrag in die höheren Bits ist hier aber nicht möglich!

Innerhalb der Tabelle darf deshalb kein Übertrag über 255 erfolgen. Der *ADDWF*-Befehl kann dies nicht leisten. So springt der Programmzähler stattdessen zu einer Adresse 256 Byte vor dem gewünschten Ziel.

An welcher Adresse eine Tabelle im Controller durch den Compiler abgelegt wurde, kann man in der Datei mit der Endung »*.lst« erkennen, die man mit einem einfachen Editor öffnet. Durch Einfügen von weiteren »ORG« Adressen im Quellcode kann man die Positionen der Tabellen im Controller manipulieren und so dem Problem mit dem Überlauf des Programmzählers etwas entgegenwirken.

Nun noch etwas zum Thema ‚beste Lösung' eines Programms:

```
; PIC Einstellungen
...
  movlw  D'8'
  movwf  einer     ; Laden der Variablen "einer" mit dem Wert Dezimal 8
```

Das Neu-Laden des Registers »***einer***« könnte natürlich auch am Anfang des Programms stehen. Wenn man auch noch eine zweite Sprungmarke einführt, könnten die zwei Zeilen bei den PIC-Einstellungen entfallen.

Allerdings hätte das Programm jetzt zwar immer noch dieselbe Funktion, würde nun aber nicht mehr dem Flussdiagramm entsprechen. In diesem Fall ist sogar zeitlich kein Unterschied zu finden. Später, wenn die Programme lang werden und der Speicherplatz in den Mikrocontrollern etwas knapp, ist es sicher von Bedeutung, jeden möglichen Befehl zu sparen, aber hier nicht.

Zusammenfassung:

- Zählen von Impulsen
- Ansprechen von Tabellen
- Ändern der Ausgangskonfiguration des Controllers im Betrieb
- Message 302 des Compilers
- Die Dateiendung »*.lst«
- Das PCL-Register

7.5 Aufgabe 6: Entprellen von Impulsen am Eingang GPIO 3

Mit dieser Aufgabe soll nun das Problem eines prellenden Tasters vom Ansatz her gelöst werden.

Leider führt nicht nur das Prellen einer Taste zu falschen Ergebnissen an einem Eingang. Es gibt viele weitere Störquellen, die zu Fehlfunktionen in einer Schaltung führen können. Aber nicht jede Funktionsstörung liegt ausschließlich an der Software. Meist ist es allerdings möglich, durch Änderungen an dem Quellcode eine Verbesserung der Funktionalität zu erreichen.

Es gibt keine einfache und obendrein kostengünstige Lösung, die eine 100% Funktionsgarantie bei jeder Aufgabenstellung für die Abfrage eines Eingangssignals bietet.

Der hier vorgestellte Lösungsansatz ist eine sehr einfache »Lowkost«-Lösung, die für viele Hobby-Anwendungen mit Schaltvorgängen im Sekundenbereich ausreicht. Zum Beispiel zum Entprellen von Tasten, die durch einen Bediener betätigt werden, um ein Gerät zu steuern. Bei weiter auftretenden Störungen kann das Ergebnis eventuell durch den Einsatz eines Kondensators verbessert werden.

Die Funktion des Programms dieser Aufgabe entspricht der von Aufgabe 5, das Zählen von Impulsen an GPIO 3. In Aufgabe 5 konnte man einen stark prellenden Taster gut erkennen. Das Prellen wird nun durch eine doppelte Abfrage des Tasters nach einer kurzen Wartezeit von etwa 1 ms entschärft. Möchte man eine höhere Sicherheit, kann man die Zeit verlängern oder eine dritte Abfrage für das Signal einbauen.

Jeder sollte einmal mit der Konstanten, die zur Bestimmung der Zeit zwischen den zwei Abfragen des Tasters benutzt wird, etwas experimentieren und sich die Effekte anschauen. Wenn man verschiedene Schaltertypen zur Auswahl hat, kann man auch deren unterschiedliches Verhalten einmal näher betrachten.

Der Lösungsansatz zum Entprellen:

```
  btfsc GPIO,3     ; Abfragen des Einganges GPIO3, ob Taster gedrückt wird
  goto  START      ; Taste nicht gedrückt, springe zur Marke »START«

  call  PAUSE      ; Aufruf des Unterprogramms »Pause« aus Aufgabe 4

  btfsc GPIO,3     ; Erneutes Abfragen des Eingangs GPIO3, ob Taster noch
                   ; gedrückt wird
  goto  START      ; Taste nicht gedrückt, springe zur Marke »START«
  ...
WARTE
  btfss GPIO,3     ; Abfragen des Eingangs GPIO3, ob Taster gedrückt wird
  goto  WARTE      ; Taste noch gedrückt, springe zur Marke »WARTE«

  call  PAUSE      ; Aufruf des Unterprogramms »Pause«

  btfss GPIO,3     ; Abfragen des Eingangs GPIO3, ob Taster gedrückt wird
  goto  WARTE      ; Taste noch gedrückt, springe zur Marke »WARTE«

  decfsz einer,1   ; Tastendruck in Variable »einer« zählen, bis 0 erreicht ist
  goto  START      ; Zurück zu »START« bei nicht 0
  ...
```

Abb. 38: Programmerweiterung für Aufgabe 6

Was sehr wichtig ist: Nicht nur beim Einschalten prellt der Taster, sondern auch beim Freiwerden können Impulse entstehen, die der Controller als Signal interpretieren könnte. Auch hier muss eine doppelte Abfrage mit einer Zeitverzögerung eingefügt werden. Sollte die 1 ms noch zu kurz sein, kann man die volle Zeitschleife aus Aufgabe 4 einbinden und mit einem festen Wert für die Variable »help« arbeiten, um so erheblich längere Zeiten zu erreichen.

Eine andere Möglichkeit, ein Signal zu entprellen, ist die Beachtung einer Logik, wann oder nach welchem folgenden Ereignis, beziehungsweise welcher folgenden Zeit, könnte der Eingang denn frühestens wieder betätigt werden?

Über eine Zeitsteuerung ist es aber auch möglich, eine Taste mit mehr als einer Funktion zu belegen. Wird die Taste immer nur kurz betätigt, werden vielleicht immer nur die Impulse erfasst. Übersteigt die Zeit, in der die Taste betätigt wird, eine bestimmte Dauer, kann dies zum Beispiel auch zu einem Moduswechsel führen oder aber einen Alarm auslösen, dass die Taste klemmt. Viele Digitaluhren haben solch eine Funktion. Ein kurzes Drücken der Taste bewirkt, dass die Zeit pro Minute gestellt werden kann. Drückt man die Taste länger, läuft die Zeit von alleine weiter, bis man die Taste wieder loslässt.

Möchte man nun mehr als nur einen Pin auf einmal erfassen, ist dies nicht viel schwerer. Die Verarbeitung von mehreren Eingängen kann man nach dem gleichen Prinzip wie bei einem Pin, gestalten. Dabei wird dann nicht nur der einzelne Pin abgefragt, sondern der ganze Port. Beim PIC 12F629 ist es zum Beispiel der Port GPIO. Sein Eingangsabbild wird in einem Register zwischengespeichert. Nach einer Zeit wird der Port erneut abgefragt und mit dem alten Ergebnis verglichen. Nun kann man zum Beispiel die beiden Werte voneinander subtrahieren. Ist das Ergebnis ‚null' 0, waren die Werte gleich und dies kann über das Zero-Bit vom Controller erkannt werden.

Hier einmal ein Programmbeispiel zur Anregung für eine Eingangsabfrage, die eine BCD-codierte Tastatur erfasst. Die Grundstellung der Tastatur hat den Wert 0x3F. Durch die BCD-Codierung der Tastatur ist es möglich, dass sich mehr als ein Pin auf einmal ändert. Das Beispiel stammt aus einem Programm zu einem PIC 16F872. Bei diesem Controller-Typ heißen die I/Os »PORT« und nicht »GPIO«.

Hinweis: Die Bezeichnung PORT gilt für alle größeren PICs mit mehr als acht I/Os

Da das Programm nur eine Zeitschleife für viele unterschiedliche Aufgaben hat, muss vor dem Aufruf der Zeitschleife immer erst ein Wert für die Verzögerung geladen werden. Hier sind es 0x9F.

```
LESEN
  MOVFW  PORTA      ; Warten auf Tastenbetätigung
  MOVWF  TASTE
  XORLW  0x3F       ; Keine Taste gedrückt, es wird der Wert 0x3F eingelesen
  BTFSC  STATUS,Z
  GOTO   LESEN

  MOVLW  0x9F       ; Konstante für Zeitschleife zum Entprellen laden
  MOVWF  TIME_R
  CALL   TIME_BIT   ; Springen in die Zeitschleife mit der geladenen Variablen

  MOVFW  PORTA
  XORWF  TASTE,0    ; Port A mit Schlüssel XOR verknüpfen
  BTFSS  STATUS,Z   ; Zero-Bit testen, bei gleichem Wert wird weitergesprungen
  GOTO   LESEN
```

Abb. 39: Programmausschnitt zu einer BCD-codierten Tastatur

Der Ablauf des Programmabschnitts:

Solange der Wert 0x3F eingelesen wird, wurde keine Taste betätigt. Weicht der eingelesenen Wert davon ab, wird davon ausgegangen, dass eine der möglichen Tasten betätigt wurde. Nach einer Zeit, deren Zählerkonstante 0x9F ist, wird der Port erneut abgefragt und das Ergebnis mit dem letzten Wert verglichen. Sind die Werte identisch, wird davon ausgegangen, dass die dem Wert entsprechende Taste betätigt wurde. Die Erkennung, ob beide Werte identisch sind, wurde hier mit dem Befehl *XORWF* gelöst. Die Exklusiv-Oder-Verknüpfung ergibt als Ergebnis ‚null' 0, wenn beide Register gleich sind. Dies wird, wie sonst auch, über das Zero-Bit erkannt.

Eine weitere Möglichkeit, mehrere Taster zu erfassen, ist die, eine Matrix zu gestalten. Jedem Taster wird dabei eine Zeile und eine Spalte zugeordnet. Dies muss nacheinander ausgewertet werden und man kann eindeutig feststellen, welche Taste betätigt wurde. Allerdings sind hier für neun Tasten sechs Eingänge erforderlich. Je mehr Tasten es werden, umso kleiner wird das Verhältnis zu den Eingängen.

Eine Tastatur-Matrix:

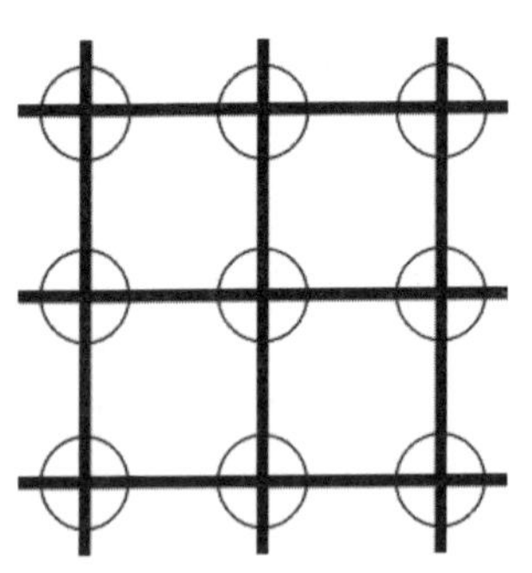

Jeder Kreis soll eine Taste darstellen. Zu jeder Zeile und Spalte benötigt man einen Eingang an dem Controller. Allerdings gibt es da noch eine Vielzahl von weiteren Kniffen, die auch unter anderem von Microchip in seinem Heftchen »Tipps and Tricks« vorgestellt werden, auf das in diesem Zusammenhang hier noch einmal hingewiesen werden soll. Es liegt dem PICkit1 bei, oder es kann aus dem Internet heruntergeladen werden. Eine Tastatur-Matrix wird auch in der TB 29 von Microchip beschrieben, die von der Homepage heruntergeladen werden kann.

Eine andere Aufgabe im Hobbybereich wäre es nun zum Beispiel, einen Rundenzähler mit Zeitfunktion für eine Autorennbahn zu gestalten. Hier hat man aber trotzdem nicht ganz so viele Freiheiten, was die Verzögerungszeiten betrifft und sollte sich deshalb Gedanken dazu machen, wie man das Überfahren des Rundenkontaktes zeitnah erfassen kann. Allerdings sollte man dabei auch bedenken, dass der Aufwand im Verhältnis zur gewünschten Genauigkeit bleiben sollte.

Zusammenfassung:

- Gestaltung von Signal-Abfragen
- Entprellen von Signalen
- Tastaturarten

7.6 Aufgabe 7: Ein Lauflicht, zum Ein- und Ausschalten

Mit dieser Aufgabe soll das bis hierhin Erarbeitete einmal etwas wiederholt werden.

Ein Lauflicht für das PICkit1 zusammenzustellen, dazu sollte nun jeder Leser in der Lage sein, der das Buch bis zu diesem Kapitel durchgearbeitet hat. Das Programm besteht nur aus verschiedenen Abschnitten, die aus den bis jetzt vorgestellten Aufgaben entnommen werden können:

Den Start durch den Tastendruck aus Aufgabe 1. Die Zeitschleife aus Aufgabe 3. Das Zählen, sowie die Ansteuerung der Leuchtdioden aus Aufgabe 5 und wer möchte, kann den Taster beim Einschalten noch durch Aufgabe 6 entprellen.

Neu an der Aufgabe ist das Wiederabschalten einer Funktion in einem Programm, sowie das automatische Zählen von Durchläufen.

Hier kommt es nun zur Gretchenfrage: Wann soll man das Programm wieder abschalten können? – Wenn das Programm beendet ist? – Nach dem Setzen der aktuellen Leuchtdiode? – Oder zu jedem beliebigen Zeitpunkt?

Letzteres scheidet vorläufig noch aus, denn das kann nur zuverlässig mit einem Hardware-Interrupt gelöst werden.

Als Aufgabenstellung soll deshalb gelten: Abschalten, möglichst sicher und so schnell wie möglich!

An welcher Stelle würde sich das Programm sinnvoll unterbrechen lassen?

Es könnte theoretisch an jeder beliebigen Stelle im Hauptprogramm eine weitere Abfrage des Tasters eingebaut werden. Allerdings muss dabei beachtet werden, dass der Controller nur je nach Zeit für die Blinkfrequenz, also nur etwa alle 250 ms, an dieser Abfrage vorbei kommen würde. Das bedeutet, man müsste die Taste mindestens so lange betätigen, bis der Controller reagiert. Auch sollte man die Abfrage der Taste nicht beliebig positionieren, sondern dort, wo keine Befehlsstruktur auseinandergerissen wird. Zum Beispiel nicht mitten in der

Leuchtdiodensteuerung, wo die I/Os definiert und dann gesetzt werden. Dann wäre der Controller in der falschen Bank.

Eine Lösung mit einer schnelleren Reaktion wäre eine Abfrage des Tasters in der Zeitschleife, da der Controller dort die meiste Zeit verbringt. Hier könnte mit einem *GOTO*-Befehl zum Start des Programms gesprungen werden. Allerdings würde dann das Unterprogramm nicht korrekt beendet werden, was den Controller auf Dauer durcheinander bringen kann. Das funktioniert wahrscheinlich eine Zeit lang, aber es würde möglicherweise immer wieder zu Fehlfunktionen kommen, die sich durch die maximale Unterprogrammtiefe ergeben. Das ‚nicht Beenden' ließe das Register überlaufen und die Rücksprungadresse würde nicht mehr korrekt gefunden.

So bleibt als eine mögliche Lösung ein Abschalten des Lauflichtes im Hauptprogramm. Es ist nicht die eleganteste, aber eine funktionsfähige Lösung, die allerdings einen nicht prellenden Taster voraussetzt.

Eine weitere mögliche Lösung wäre das Arbeiten mit einem Funktionsmerker, dieser verwaltet, ob die Funktion ein- oder ausgeschaltet ist.

Aber nun zur Umsetzung der Aufgabe:

Vor dem automatischen Erhöhen des Zählers wird eine Abfrage auf den Eingang GPIO3 eingefügt. Die Erfassung des Freiwerdens der Taste erfolgt an der Sprungmarke »WARTE1«, am Anfang des Programms.

```
call   PAUSE250ms   ; Aufruf des Unterprogramms »Pause250ms«
                    ; Programmabrechen durch Tastendruck auf SW1
btfss  GPIO,3       ; Abfragen des Eingangs GPIO3, ob Taster gedrückt wird
goto   WARTE1       ; Taste nicht gedrückt, springe zur Marke »HAUPT«

decfsz einer,1      ; Tastendruck in Variable »einer« zählen, bis 0
                    ; erreicht ist
goto   loop         ; Zurück zu »START«, wenn Variable »einer« nicht 0 ist
```

Abb. 40: Ausschnitt aus Programm 7

Hier nun noch einige weitere Gedankenanregungen zu dem Thema ‚Abschalten' eines Programms oder einer Funktion in einem Programm.

‚Abschalten' hört sich so leicht an, wie das Ausschalten eines Lichtschalters. Das ist es eigentlich auch bei einem Programm, aber leider immer nur dann, wenn dabei auch der Strom abgeschaltet wird.

Das Abschalten von Funktionen, oder auch das Erfassen von Signalen in einem komplexen Programm, lässt sich nicht so leicht gestalten, wie es sich manchmal anhört. Oft lassen sich solche Aufgaben nur mit einem Hardware-Interrupt lösen. Das Behandeln eines Interrupts folgt in der letzten Aufgabe.

Allerdings ist es meist auch nicht mit dem Erfassen des Signals getan. Wenn eine Funktion von einem Gerät oder aus einem größeren Programm abgeschaltet werden soll, muss sich der Programmierer weitere Gedanken machen. So zum Beispiel, ob die Betriebssituation gespeichert wird, oder welche Zustände die Ausgänge nach dem Abschalten annehmen sollen. Wenn hingegen erneut gestartet werden soll, muss gespeichert werden, an welcher Position das Programm wieder einsetzen muss und noch so manches mehr.

Diese Dinge ergeben sich manchmal auch erst bei dem Entwickeln eines Programms, abhängig von dem gewählten Lösungsweg und den Vorgaben, die eingehalten werden sollen. Oft genug kommt es auch vor, dass die Vorgaben nicht exakt genug waren.

Als Hobbyprogrammierer sollte man nicht verzweifeln, wenn man immer wieder merkt: »Oh, meine Vorgaben sind ja an dieser Stelle nicht genau genug gewesen.« Dies geschieht den professionellen Programmierern auch viel öfter, als sie es zugeben würden.

Häufig entwickeln sich die Aufgabenstellungen auch erst im Laufe des Projektes. Es werden neue Erfahrungen gesammelt, die mit einfließen und so neue Forderungen an die Software stellen.

Hiermit sollte man sehr gelassen umgehen und auch keine Angst davor haben, wenn man mal merkt, dass es der falsche Lösungsweg war, den man da verfolgt hat, auch wenn man noch einmal neu anfangen muss. Selbst dabei wird man etwas gelernt haben.

Die Anforderungen an seine Lösungen sollte man am Anfang nicht zu hoch ansetzen. Es ist nicht wichtig, eine kurze, für jeden verständliche Lösung zu entwickeln. Wichtig ist, dass man nachvollziehen kann, was geschrieben wurde und dass es tatsächlich eine Lösung ist! Viel wichtiger ist zu Beginn, dass sich die gewünschte Funktion überhaupt realisieren lässt. Die Form wird mit der Zeit von alleine eleganter.

Zusammenfassung:

- Abschalten eines Programms oder einer Funktion

7.7 Aufgabe 8: Ein Blinklicht mit einstellbarer Blinkfrequenz

Kommen wir noch einmal zurück zu dem Blinklicht aus Aufgabe 4. Dieses Blinklicht soll nun um eine von außen einstellbare Geschwindigkeit erweitert werden.

Die Geschwindigkeitseinstellung wird über den Widerstand P1 (POTI), auf dem PICkit-Board ist es RP1, auf der Platine realisiert. Hierzu ist es erforderlich, dass anstelle des PIC 12F629 der PIC 12F675 als Controller verwendet wird. Dieser hat im Gegensatz zu dem 12F629 eine A/D-Wandlerfunktion in seinem Gehäuse integriert.

Beim Tauschen des Controllers bitte auch gleich daran denken, dass in MPLAB unter »**Configure**« -> »**select Device**« der entsprechende Controllertyp geändert werden muss, denn sonst gibt es eine Fehlermeldung vom Compiler.

Wie man den A/D-Wandler nun als einen Sollwertgeber in das Blink-Programm, oder in ein eigenes anderes Programm einbindet, soll in dieser Aufgabe gezeigt werden.

Zur Erinnerung hier noch einmal die Schaltung des Test-Boards. Auch wenn der Sockel 14-polig ist, werden wieder nur die oberen acht Pole (die Pins 1-4 und 11-14) benötigt!

Der einstellbare Widerstand liegt als Spannungsteiler an der Betriebsspannung, die hier 5 V beträgt und an Pin 7 (In der Schaltung Pin 13!) des Controllers angeschlossen ist.

Zur Erinnerung:

Für diese Aufgabe **muss** ein PIC 12F675 benutzt werden!

Wie eingangs schon erwähnt, kann man auch alle vorherigen Aufgaben mit dem PIC 12F675 durcharbeiten. Dazu muss man immer die Variante mit ..._675.asm im Dateinamen als Lösung in den Compiler laden. Für diese Aufgabe gibt es aber nur eine Lösung, da sie nicht mit dem PIC12F629 umsetzbar ist.

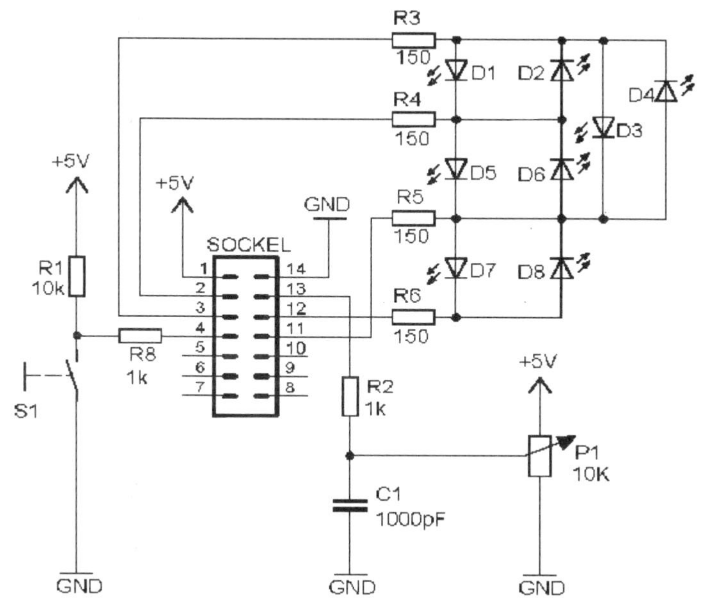

Abb. 41: Schaltung der Testplatine

Wer mit einem PIC12F675 gearbeitet hat, wird sich sicher schon gefragt haben, wozu die Zeile »clrf ANSEL« in den PIC-Einstellungen steht. Diese schaltet schlicht nur die A/D-Wandlerfunktion ab. Da die Funktion nun aber in dieser Aufgabe benötigt wird, muss diese Zeile angepasst werden. Aber vorher muss noch der A/D-Wandler durch das Register ADCON0 konfiguriert werden.

Es können bis zu vier Eingänge des PICs 12F675 als Analogeingang geschaltet werden. Allerdings kann immer nur ein Pin zur Zeit auf den Wandler geschaltet und ausgewertet werden. Es ist nicht möglich, zwei wirklich zeitgleiche A/D-Werte von zwei verschiedenen Kanälen zu erhalten. Dies geht nur sequenziell (nacheinander).

Wer später selbst mit dem A/D-Wandler arbeiten möchte, sollte sich auf jeden Fall das Datenblatt dazu anschauen. Es gibt an dieser Stelle einige Einstellmöglichkeiten, auf die ich hier nicht eingehen werde, da sie nicht für die Aufgabe und für das Grundverständnis benötigt werden.

Pin 7 am 12F675 ist GPIO0 oder AN0. Dieser soll nun ein Analogeingang werden. Um das zu erreichen, muss das Register ADCON0 definiert werden. Dieses Register legt das Verhalten des A/D-Wandlers fest und liegt in Bank 0. Um das Register ADCON0 zu beschreiben, muss nicht die Bank gewechselt werden, wie es bei vielen anderen Konfigurationsregistern erforderlich ist.

Hier nun einmal die Aufteilung des ADCON0-Registers, mit der genaueren Beschreibung zu den Bits.

ADCON0			nicht benutzt		Auswahl der Pins			Status
Abkürzung	ADFM	VCFG	–	–	CHS1	CHS0	GO/$\overline{DONE}$	ADN0
BIT	7	6	5	4	3	2	1	0

Die Abkürzungen der Bits stehen für:

Bit 7 ADFM: A/D Result Formed Select bit (Formatierung der Datenausgabe)
1 = Right justified (rechtsbündig)
0 = Left justified (linksbündig)

Bit 6 VCFG: Voltage Reference bit (Festlegung der Referenzspannung)
1 = VREF (hier wird die Spannung an Pin 1 zur Referenz)
0 = VDD (hier wird die Betriebsspannung zur Referenz)

Bit 5-4 Unimplemented: Read as zero (diese Bits sind nicht vorhanden. Ein Lesen auf die Bits liefert den Wert »null« 0)

Bit 3-2 CHS1:CHS0: Analog Channel Select bits
00 = Channel 00 (AN0) (Auswahl des Pin 7)
01 = Channel 01 (AN1) (Auswahl des Pin 6)
10 = Channel 02 (AN2) (Auswahl des Pin 5)
11 = Channel 03 (AN3) (Auswahl des Pin 3)

Bit 1 GO/DONE: A/D Conversion Status bit (Statusbit der A/D-Wandlung)
1 = A/D conversion cycle in progress.
Ein Setzen des Bits startet den A/D-Wandlungsprozess.
Das Bit wird automatisch durch die Hardware gelöscht, wenn die Wandlung abgeschlossen ist
0 = A/D Wandlung fertig

Bit 0 ADON: A/D Conversion STATUS bit (Statusbit der A/D-Wandlung)
1 = A/D Wandler ist aktiviert
0 = A/D Wandler ist abgeschaltet

Wie faszinierend doch immer wieder Tabellen aus Datenbüchern sein können...

Diese Tabelle findet man im Datenblatt zum PIC12F629/675 auf Seite 43.

Für die Aufgabe benötigen wir, wie es nicht anders zu erwarten ist, natürlich gleich alle Bits.

	links	VDD	nicht benutzt		gewählt Pin 7		Start/Stop	Status
gewählt	0	0	0	0	0	0	0	1
ADCON0	7	6	5	4	3	2	1	0

In der Tabelle sind die Einstellungen für die Aufgabe 8 dargestellt.

Was jetzt natürlich noch näher erklärt werden muss, ist das Bit 7.

Das ist ‚eigentlich' ganz einfach.

Der A/D-Wandler hat eine Auflösung von 10 Bit. Der PIC arbeitet aber nur mit einer Auflösung von acht Bit je Register. So benötigt der Controller zwei Register, um das 10-Bit breite Ergebnis darzustellen. Eines für den oberen Ergebnisteil »*ADRESL*« und eines für den unteren Ergebnisteil »*ADRESH*«.

Mit dem Bit 7 wird nun festgelegt, ob das Ergebnis rechts- oder linksbündig in diese zwei Register eingetragen wird. Dies lässt sich am besten mit kleinen Bildern zu den Registern verdeutlichen.

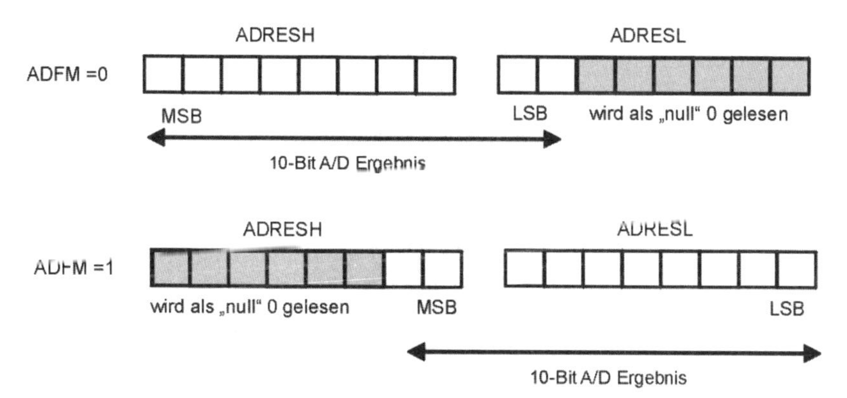

Abb. 42: Darstellung der Positionen im Register des A/D-Wandlers

Hiermit sind die sechs wichtigsten Bits, die beachtet werden müssen, um mit dem A/D-Wandler des PIC12F675 zu arbeiten, erklärt.

Um nun die Pin-Zuordnung im Controller zu programmieren, muss noch das Register »*ANSEL*« definiert werden.

Achtung: Das Register ANSEL liegt aber in Bank 1

Die Reihenfolge zum Schreiben der Register ist nicht bindend. Beide Register müssen nur vor der Inbetriebnahme des A/D-Wandlers definiert werden. Nicht vergessen werden darf auch, dass natürlich der gewünschte Pin im TRISIO-Register als Eingang definiert sein muss!

Die Pin-Auswahl erfolgt nun mit dem Register »*ANSEL*«. Die ersten vier Bits *ANS0* bis *ANS3* legen dies fest, wobei der Wert des Bits dem korrespondierenden Eingang entspricht.

Die Bits 4-6, mit dem Namen *ADCS*, bestimmen die Zeit für den Wandlungsvorgang.

Das Bit 7 ist nicht realisiert und liefert beim Lesen den Wert ‚null' 0, wie es bei allen nicht realisierten Bits in der Regel der Fall ist.

```
movlw    B'00010001'        ; FOCS 8 und AN0
movwf    ANSEL
```

Abb. 43: Gewählte Einstellungen für das Register ANSEL

Arbeitet man später mit leistungsstärkeren Controllern, wird man diese Register auch wieder finden, aber auch einige weitere, die dann controllerabhängig sind und auch gegebenenfalls gesetzt werden müssen. Nach soviel Theorie aber wieder zurück zur Aufgabenstellung:

Zur Erinnerung noch einmal die Funktionsbeschreibung von Aufgabe 4:

Taste S1 drücken -> LED D0 AN -> Zeit -> LED D0 AUS -> Zeit -> LED D0 AN -> ...

Dieser Funktionsablauf soll beibehalten werden, da er ein Blinklicht beschreibt. Nur der Teil für die Bestimmung der Zeit soll modifiziert werden.

Es soll nicht mehr der feste Wert D'249' geladen werden. Dieser Wert soll bei jedem Durchlauf der zwei Leuchtdioden neu durch die am Analogeingang eingestellte Spannung bestimmt werden. Die Spannung wird in einem Zahlenwert dargestellt und dieser wird an die Zählschleife übergeben.

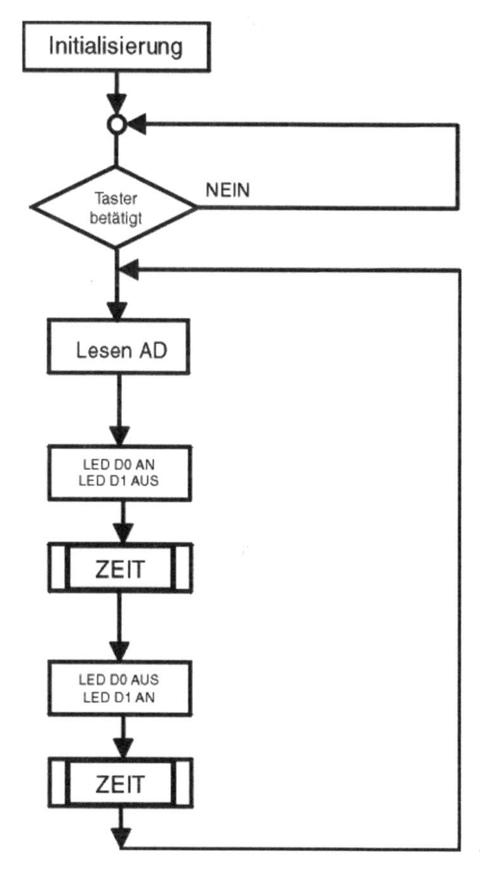

Abb. 44: Ablauf zur Aufgabe 8

Wann und wie oft die Analogspannung abgefragt und gewandelt wird, hängt von der Struktur des Programms ab. Allerdings benötigt der A/D-Wandler eine minimale Erholzeit, bis eine erneute Abfrage möglich ist. Diese ist von der Taktfrequenz des Controllers abhängig. In dieser Lösung wird nur einmal in jedem Programmdurchlauf der A/D Wert aktualisiert. Dies kann aber auch so gestaltet werden, dass es immer vor dem Aufruf des Unterprogramms ‚ZEIT' passiert.

Damit man nun einen aktuellen A/D-Wert erhält, reicht es leider nicht aus, nur die Ergebnisregister »*ADRESH*« und »*ADRESL*« auszulesen.

Um einen aktuellen A/D-Wert zu erhalten, muss der Wandlungsvorgang erst durch das Setzen des Bits 1 des ADCON0-Registers (GO/DONE) gestartet werden.

Hat der Controller die Wandlung abgeschlossen, wird das Bit vom Controller automatisch wieder gelöscht. Durch eine Abfrage auf das Bit kann man dann erkennen, dass das gewünschte Ergebnis vorliegt. Da die Wandlung nur eine kurze Zeit benötigt, fällt die Verzögerung in diesem Programm nicht weiter auf.

Es müssen lediglich die folgenden drei Zeilen in das Programm eingefügt werden, um einen aktuellen A/D-Wert vom Controller zu erhalten.

```
        bsf     ADCON0,GO    ; A/D-Wandler starten
AD_W
        btfsc   ADCON0,GO    ; Ist der A/D-Wandler fertig?
        goto    AD_W         ; Nein, weiter warten
```

Abb. 45: Starten des A/D-Wandlers und warten auf das Fertig-Bit ADCON,1

Achtung: In diesem Beispiel wartet der Controller solange, bis das Ergebnis vorliegt.

Um nun das Ergebnis in die Zählschleife zu übertragen, wird anstatt der Konstanten D'249' immer der Wert aus dem Register »*ADRESH*« in die Zählvariable »help« geschrieben.

Damit der A/D-Wandler genügend Zeit bekommt, sich zu erholen, wird durch die Addition von ‚eins' (+1) auf das Wandlerergebnis sichergestellt, dass die Warteschleife mindestens einmal abgearbeitet werden muss.

Die unteren 2 Bit des Wandlungsergebnisses werden vernachlässigt und schon kann man die Blinkfrequenz über die Spannung verändern. Das Register *ADRESL* fällt hier unter den Tisch, da für den Zähler zur Erzeugung der Wartezeit nur acht Bit benötigt werden.

Hat man eine Aufgabenstellung, in der der Controller jedoch noch vieles anderes nebenbei erledigen muss, ist die Lösung mit dem Warten nicht unbedingt geeignet. Hier kann man dann den Interrupt des A/D-Wandlers nutzen. Hierzu aber mehr im nächsten Kapitel.

Zusammenfassung:

- Arbeiten mit dem A/D-Wandler des PIC 12F675
- Gestaltung einer veränderlichen Blinkfrequenz

8 Was sind Interrupts, was nützen sie?

Jeder, der sich schon einmal mit einem Computer beschäftigt hat, wird sicher den Begriff ‚Interrupt' schon einmal gehört haben.

Wenn nicht, die Bedeutung bei einem Mikrocontroller oder bei einem Computer ist vom Grundsatz her gleich. Es wird das laufende Programm sofort (!) an der Stelle, wo es sich gerade befindet, unterbrochen. Diese Stelle merkt sich der Controller oder Computer, um später dahin zurückkehren zu können. Aber: dazwischen arbeitet der Controller oder PC die ISR »Interrupt Service Routine« ab, in der spezielle Aufgaben erledigt werden müssen. Dies geschieht vor allem, um zu erkennen, was den Interrupt ausgelöst hat und was aufgrund dessen passieren soll.

Interrupts melden spezielle Ereignisse, bei denen es nicht sinnvoll ist, diese im Hauptprogramm mit zu überwachen.

Bei einem Controller kann solch ein Interrupt durch verschiedene ‚Interrupt-Quellen' ausgelöst werden. Welche Interruptquellen es gibt, hängt von dem eingesetzten Mikrocontroller ab. Es gibt Controller, die nur ganz wenige Interrupts unterstützen und wiederum welche, die eine Vielzahl von Interrupts kennen. Dies geht meist mit der Leistungsfähigkeit der Mikrocontroller einher.

Die kleinen PICs 12F629 und 12F675, mit denen hier im Buch gearbeitet wird, kennen sechs beziehungsweise sieben Interrupts beim PIC12F675.

- External Interrupt GP2/INT (Flanke an GPIO2)
- TMR0 Overflow Interrupt (Zähler 0 Überlauf)
- TMR1 Overflow Interrupt (Zähler 1 Überlauf)
- GPIO Change Interrupts (Flankenwechsel an beliebigem GPIO)
- Comparator Interrupt (Komparator Interrupt)
- EEPROM Data Write Interrupt (EEPROM Daten geschrieben)
- A/D Interrupt (nur PIC12F675) (AD-Wandler ‚fertig')

Grundsätzlich kann man alle Interrupts in einem Mikrocontroller komplett ausschalten, so dass der Controller nicht auf Ereignisse, die einen Interrupt auslösen können, reagiert. So wie es bis jetzt in allen Aufgaben der Fall war.

Interrupts sind sehr hilfreich bei der Programmierung von hardwarenahen Ereignissen, aber Interrupts sind mit Vorsicht zu benutzen. Wenn sie zu häufig auftreten, kommt der Controller im Extremfall nicht mehr dazu, seine eigentliche Aufgabe – das Hauptprogramm – abzuarbeiten.

Da die möglichen Einstellungen und die Einsatzbereiche von Interrupts sehr umfangreich sein können, würde es den Rahmen des Buches sprengen, hier detailliert auf alle Möglichkeiten mit Interrupts einzugehen. Das Thema soll aber in diesem Buch auch nicht ganz unter den Tisch fallen und an dem Beispiel des ‚Timer0' näher erläutert werden, da, wenn man sich mit Mikrocontrollern intensiver beschäftigt, der Einsatz von Interrupts sich auf Dauer nicht umgehen lässt.

Angefangen werden soll mit der Erläuterung des ITCON-Registers (Interrupt-Controlregister), der Bedeutung seiner Bits und ein paar allgemeinen Informationen.

Den Abschluss zum Thema Interrupt stellt dann die letzte Aufgabe 9 dar, in der ein Interrupt zum Steuern einer Anzeige eingesetzt wird.

Wie arbeitet nun ein Controller, wenn ein Interrupt auftritt?

Dies ist recht einfach, denn ähnlich wie bei einem RESET, zum Beispiel nach dem Einschalten, springt der Controller an eine genau definierte Adresse in seinem Speicherbereich. Bei einem RESET ist dies immer die Adresse 0. Bei einem Interrupt in einem PIC-Controller ist es die Adresse 4, bei anderen Controllern kann dies auch eine andere Adresse sein.

Durch den physikalischen Aufbau ist dem Controller seine Adresse 4 bekannt, aber woher weiß der Programmierer, was der Compiler an diese Adresse schreibt?

Das regelt die Abkürzung »ORG x« im Quellcode. ORG teilt dem Compiler mit, an welcher Stelle die folgenden Befehle in den Speicher des Controllers abgelegt werden sollen.

Zum Beispiel:

```
ORG     0x000           ; Reset-Vektor
goto    Hauptprogramm   ; Dies steht an der Adresse 0
ORG     0x004           ; Interrupt-Vektor
goto    ISR             ; Dies steht an der Adresse 4
```

Die drei Buchstaben »ORG« sind kein Befehl für den Mikrocontroller, es ist eine Anweisung für den Compiler. Es wird damit die Adresse für den nächsten Befehl, hier: »goto Label« festgelegt.

Es sei hier auch noch kurz erwähnt, dass mit dieser Anweisung gezielt der Anfang von großen Tabellen in den Speicher eines Controllers festgelegt werden kann, um Überträge im PCL zu vermeiden.

Zum Beispiel:

```
ORG      0x010         ; Tabellenanfang
RETLW    B'01100011'   ; Dies steht an der Adresse 010
...
```

Was ist nun eigentlich der Vorteil eines Interrupts?

Der Vorteil eines Interrupts liegt darin, dass der Controller auf Ereignisse reagieren kann, die zu dem Zeitpunkt, an dem sie auftreten, nicht von dem Hauptprogramm ausgewertet werden müssen. Zum Beispiel durch den »GPIO Change Interrupt« kann so erkannt werden, dass sich das Eingangssignal geändert hat, auch wenn das Programm gerade eine Anzeige aktualisiert. So ist es dabei nicht notwendig, dass die Eingänge zu diesem Zeitpunkt durch den Controller ausgewertet werden.

Tritt nun ein Interrupt auf, springt der PIC-Controller an die Adresse 0x004 und setzt die Abarbeitung von dieser Position aus fort. An dieser Position sollte die sogenannte Interrupt Service Routine (ISR) beginnen. Um zum Ausgangspunkt zurück zu finden, merkt sich der Controller die Adresse. Um später dort wieder hin zu gelangen, muss die ISR mit dem Befehl *RETFIE* beendet werden. Dadurch springt der Controller an die Adresse +1 zurück, wo er vor dem Auftreten des Interrupts gewesen ist.

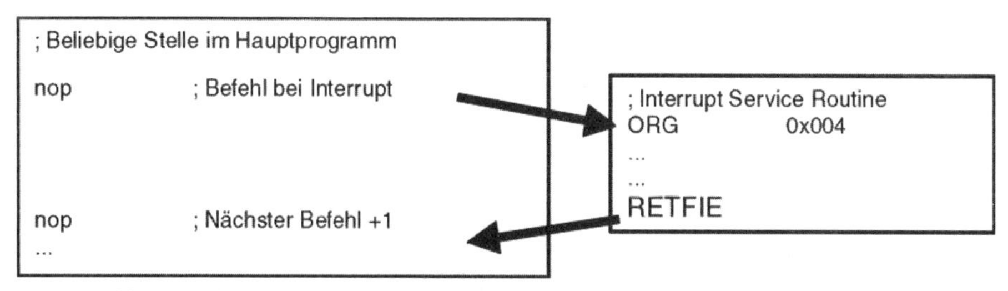

Abb. 46: Die Verzweigung im Zusammenhang mit einem Interrupt

Was man bei dem Arbeiten mit Interrupts nicht vergessen darf, ist das Retten von Registerinhalten. Diese Notwendigkeit entsteht dadurch, dass man nicht weiß, wo sich das Programm gerade befindet. Es werden aktuelle Daten im W- und Statusregister stehen, die in dem aktuellen Programmablauf generiert worden sind und eventuell in dem nächsten Schritt wieder benötigt werden. Dieser Ablauf wird aber nun durch einen Interrupt unterbrochen. Werden in der ISR nun Berechnungen oder Auswertungen gemacht, wird der Controller auch hier mit dem W- und dem Statusregister arbeiten, da diese nur einmal im Controller vorhanden sind. Dabei würde es aber zu einem Überschreiben der Daten aus dem Hauptprogramm kommen und diese würden somit verloren gehen.

Was man beim Gestalten einer ISR auch nicht vergessen darf, ist, dass der Controller sich in einer beliebigen Bank befinden kann, so dass man auch sicherstellen muss, dass dies in der ISR am Anfang berücksichtigt wird!

Hierzu mal ein mögliches Beispiel für einen Anfang und ein Ende einer ISR. Wie man die Register nennt, in die man das W- und Statusregister rettet, ist natürlich jedem selbst überlassen.

```
;**********************************************************************
;  Sprungadresse bei einem Interrupt (ISR Interupt Service Routine)
;**********************************************************************
  org    4              ; Startadresse der ISR

  movwf  w_temp         ; W-Register retten
  swapf  STATUS,w       ; STATUS-Register retten
  bcf    STATUS,RP0     ; Sicherstellen, dass der Controller in Bank 0 ist
  movwf  s_temp         ; Retten des Inhaltes vom STATUS-Registers in Bank 0
; ISR
  ...                   ; Dinge, die in der ISR erledigt werden sollen
; ISR    Beenden
  bcf    INTCON,T0IF    ; Interrupt-Flag löschen
  swapf  s_temp,w       ; STATUS-Register zurückschreiben
  movwf  STATUS
  swapf  w_temp,f       ; W-Register zurückschreiben mit Flags
  swapf  w_temp,w

  retfie                ; Beenden der ISR, zurück zum Programm
```

Abb. 47: Ansatz für eine eigene ISR

Auch wenn es eigentlich schon selbstverständlich geworden sein sollte, soll hier noch einmal drauf hingewiesen werden: Die Variablen zum Zwischenspeichern der Register müssen im Programmkopf definiert werden und einer Adresse zugeordnet sein.

Zum Beispiel:

```
w_temp        EQU     H'0022'
s_temp        EQU     H'0023'
```

Als Ansatz sollte man davon ausgehen, dass nur das Wichtigste in der »Interrupt Service Routine« abgearbeitet wird: die Auswertung des aufgetretenen Interrupts und das Rücksetzen der Interrupt-Meldungen. Es kann aber auch alles andere dort abgearbeitet werden, was einem als entscheidend erscheint (wie es zum Beispiel in der Aufgabe 9 gemacht wurde). Wichtig ist, dass der Controller von der Zeitaufteilung her in der Lage bleibt, das gesamte Programm abzuarbeiten und dass er nicht nur mit der ISR beschäftigt ist.

Damit der Mikrocontroller Interrupts auslöst, müssen natürlich auch wieder Register definiert werden. Das wichtigste Register ist das Interrupt Controll-Register mit dem Namen »ITCON«. Hier werden die erlaubten Interrupts ausgewählt. Löscht man dieses Register komplett, zum Beispiel mit der Zeile »clrf ITCON«, wie es bis jetzt in allen Aufgaben geschehen ist, sind alle Interrupts deaktiviert und es wird kein Interrupt-Service benötigt. Vorsichtige Programmierer fügen aber an der Adresse ORG 0x004 einen Sprungbefehl auf den Startlabel ein, so dass selbst ungewollte Interrupts abgefangen werden können.

Hier nun der Aufbau des ITCON-Registers:

ITCON								
Abkürzung	GIE	PEIE	T0IE	INTE	GPIE	T0IF	INTF	GPIF
BIT	7	6	5	4	3	2	1	0

Die Abkürzungen stehen für

Bit 7 GIE: Global Interrupt Enable bit
1 = Enables all unmasked interrupts
0 = Disables all interrupts

Bit 6 PEIE: Peripheral Interrupt Enable bit
1 = Enables all unmasked peripheral interrupts
0 = Disables all peripheral interrupts

Bit 5 T0IE: TMR0 Overflow Interrupt Enable bit
1 = Enables the TMR0 interrupt
0 = Disables the TMR0 interrupt

Bit 4	INTE:	GP2/INT External Interrupt Enable bit 1 = Enables the GP2/INT external interrupt 0 = Disables the GP2/INT external interrupt
Bit 3	GPIE:	Port Change Interrupt Enable bit 1 = Enables the GPIO port change interrupt 0 = Disables the GPIO port change interrupt
Bit 2	TOIF:	TMR0 Overflow Interrupt Flag bit 1 = TMR0 register has overflowed (must be cleared in software) 0 = TMR0 register did not overflow
Bit 1	INTF:	GP2/INT External Interrupt Flag bit 1 = The GP2/INT external interrupt occurred (must be cleared in software) 0 = The GP2/INT external interrupt did not occur
Bit 0	GPIF:	Port Change Interrupt Flag bit 1 = When at least one of the GP5:GP0 pins changed state (must be cleared in software) 0 = None of the GP5:GP0 pins have changed state

Diese Tabelle findet man auch im Datenblatt zum PIC12F629/675 auf Seite 13.

Zu den meisten Interrupts gibt es weitere Register, in denen noch ergänzende Einstellungen oder Informationen gemacht oder erhalten werden können. Zum Beispiel müssen die Zähler mit einem Wert geladen werden, oder im IOC–Register (INTERRUPT-ON-CHANGE) wird angegeben, an welchem PIN ein Interrupt-on-change erlaubt ist.

Noch etwas zu den Bits mit der Bemerkung: »(must be cleared in Software)«. Das meint, dass das Bit in der ISR durch einen Befehl gelöscht werden muss.

Das Rücksetzen eines IOC-Interrupts bedarf zusätzlich auch ein Lesen der Eingänge! Sonst bleibt das Bit trotzdem gesetzt.

Vom A/D-Wandler kann nur eine Fertigmeldung kommen, wenn er vorher im Programm auch gestartet wurde. In der Aufgabe 8 hat man aber auch gesehen, dass man unter Umständen ohne die Benutzung eines Interrupts zur Auswertung des A/D-Wandlers auskommen kann.

Der ‚Timer0' Interrupt ist der wohl am häufigsten genutzte Interrupt. Mit Hilfe des Timers ist es möglich, bestimmte Aktionen in einem definierten Zeitabstand regelmäßig zu wiederholen. So zum Beispiel, um Messwerte alle 50 ms zu erfassen oder ähnliches.

Diese Zeitabstände lassen sich durch Setzen von Registern beeinflussen.

Um nun ein Programm mit einer »Interrupt Service Routine« zu schreiben, müssen auch noch ein paar Kleinigkeiten beachtet werden:

Bei der Initialisierung, am Anfang des Programmcodes, sollten noch alle Interrupts deaktiviert sein. Die Aktivierung sollte erst mit Beginn des eigentlichen Programms erfolgen, um eventuelle Fehlfunktionen bei zu früh auftretenden Interrupts zu vermeiden.

Die »Interrupt Service Routine« muss auch immer am Anfang eines Programmcodes stehen, sonst kommt es zu Fehlermeldungen durch den Compiler. Dies hängt mit der Zuweisung der festen Adresse 0x004 für die ISR zusammen.

```
;*************************************************************************
; Deklaration der Variablen und Konstanten
;*************************************************************************
...
;*************************************************************************
; Startadresse des PIC-Controllers nach einem RESET oder Neustart
;*************************************************************************
  org    0x000           ; Startadresse des PICs
  goto   START

;*************************************************************************
; Sprungadresse bei einem Interrupt (ISR Interupt Service Routine)
;*************************************************************************
;
  org    0X004           ; Startadresse der ISR

  ...

  retfie

;*************************************************************************
; PIC Einstellungen
;*************************************************************************
;
START
  bsf    STATUS,RP0      ; Auswahl Bank 1
  call   0x3FF           ; Laden des Kalibrierungswertes aus der letzten
                         ; Speicherstelle
  movwf  OSCCAL
  ...
```

Abb. 48: Aufbau eines Programmanfangs mit ISR

Des Weiteren gibt es noch ein Komparator-Modul in den vorgestellten PIC-Controllern vom Typ PIC12F629/675. Dieses Modul kann auch einen Interrupt auslösen. Dieser Komparator-Interrupt wird immer dann gesetzt, wenn eine Änderung am Ausgang des Komparators stattgefunden hat.

Um mit dem Komparator-Modul zu arbeiten, ist es nötig, bis zu sechs Register vorab zu definieren. Diese findet man im Datenblatt auf der Seite 40. Alle nicht grau hinterlegten Bits haben einen Einfluss auf das Komparator-Modul.

Mit dem Komperator-Modul ist es möglich, zwei Spannungen zu vergleichen. Abhängig davon, welche Spannung größer oder kleiner ist, wird ein Bit gesetzt. Dieses Verhalten kann über die erwähnten Register programmiert werden.

Die zu vergleichenden Spannungen können über die Eingänge an »GP0« und »GP1« ausgewertet werden, oder es kann eine interne Spannungsquelle als Referenz benutzt werden.

Hiermit kann zum Beispiel eine Überwachung einer Akku-Spannung gesteuert werden. Unterschreitet die Akku-Spannung einen bestimmten Wert, wird das Bit gesetzt und der Ladevorgang muss gestartet werden. Ist die geforderte Spannung wieder erreicht, wird das Bit wieder gelöscht.

Weiter soll hier aber nicht auf dieses Thema eingegangen werden.

Es ist hier sicher nicht annähernd alles erwähnt worden, was man zum Arbeiten mit jedem Interrupt benötigt. Für die vollständigen Informationen sei hier auf das Datenblatt zum PIC 12F629/675 Controller verwiesen. Es sollen hier nur erste Anregungen und Ideen gegeben werden, was bei Benutzung von Interrupts alles beachtet werden muss.

Einige weitere Details, besonders zum ‚Timer0', folgen noch in der Aufgabe 9.

Der ‚Timer1' unterscheidet sich vor allem durch seine Breite von 16 Bit von dem ‚Timer0', wodurch sich erheblich längere Zeiten realisieren lassen.

Der Watch-Dog-Timer selbst löst zwar kein Interrupt aus, soll hier aber auch noch einmal kurz erwähnt werden. Er ist auch ein 8-Bit Zähler, der ähnlich wie der ‚Timer0' arbeitet, nur dass bei seinem Überlauf kein Interrupt, sondern ein RESET ausgelöst wird und der Controller auf die Adresse 0x000 springt.

Wird der ‚Watch-Dog' bei der Konfiguration aktiviert, findet in der Grundeinstellung alle 18 ms ohne Benutzung des Vorteilers ein Überlauf statt. Um nun einen einwandfreien Betrieb des Controllers gewährleisten zu können, muss dieser Timer mindestens alle 17,99 ms gelöscht werden. Dies kann man zur Selbstüberwachung des Controllers einsetzen, oder auch, um aus bestimmten

Situationen heraus den Controller gezielt neu zu starten. Wenn der Controller zum Beispiel durch einen Knopfdruck auf ein bestimmtes Signal wartet, welches aber nicht kommt, dann kann der Controller sich so selbst nach einer bestimmten Zeit wieder aktivieren und auf eine andere Eingabe warten. Hier gibt es die vielfältigsten Möglichkeiten für den Einsatz des Watch-Dog-Timers.

Hat man erst einmal einige größere Programme geschrieben und auch fremde Programme gelesen, wird man immer wieder neue Tricks und Kniffe finden, wie eine Abfrage oder Anzeige mehr oder weniger elegant gelöst werden kann. Es sei hier aber noch einmal gesagt: Es ist die Funktion der ganzen Schaltung, die zählt und nicht die Eleganz der Programmierung. Das Programmieren soll nur die Schaltung verkleinern und flexibler machen.

8.1 Aufgabe 9: Zählen von Impulsen mit Übertrag und Interrupt

Wie angekündigt, soll in dieser Aufgabe das Arbeiten mit einem Interrupt vorgestellt werden. Dazu soll die Aufgabe 5, das Zählen von Impulsen, etwas erweitert und verändert werden.

In Aufgabe 5 werden die Impulse nur in einem Register durch Subtraktion eines vorher geladenen Wertes gezählt. Ist das Register leer, wird dies erkannt und das Zählen beginnt von vorne. Beim Zählen gibt es keinen Übertrag, wie im Dezimalsystem bei 09 nach 10.

Solch eine Funktion benötigt man aber immer dann, wenn das Ergebnis größer als neun sein kann und angezeigt werden soll. Das Anzeigen der Zahl kann man unterschiedlich lösen. Am elegantesten geht dies mit einem Display in Textform. Dazu müsste aber das Board und die Schaltung erweitert werden, worauf hier aber verzichtet werden soll.

Es geht auch, mit den vorhandenen Leuchtdiodenreihen eine zweistellige Zahl darzustellen. Jede Reihe der Leuchtdioden D0-D3 und D4-D7 symbolisiert dabei eine Stelle einer Zahl. Wenn man die Leuchtdioden D8-D11 auch montiert, kann man auch eine dreistellige Zahl wiedergeben.

Durch die kleine Anzahl der Leuchtdioden kann nun aber leider in jeder Stelle nur bis vier gezählt werden. So muss der Übertrag immer beim Wechsel von vier nach fünf erfolgen. Dies ermöglicht bei zwei Reihen ein Zählen bis 24.

Jedem wird aufgefallen sein, dass es sich hierbei nicht um ein Dezimalsystem handelt, aber die Programmstruktur lässt sich durch Ändern der Übertragsbedingung an jedes beliebige Zahlensystem anpassen. Auch kann das Programm um beliebig viele weitere Stellen nach dem gleichen Prinzip erweitert werden. Weiter können die Überträge verschieden gestaltet werden, wie es zum Beispiel bei einer Uhr der Fall sein müsste. Die erste Stelle der Minuten erfordert bei zehn einen Übertrag, die zweite Stelle erfordert den Übertrag immer bei sechs. Die Stunden sind wieder anders.

Nun aber zur Lösung des ersten Teils der Aufgabe 5: Das Zählen der Impulse.

```
; Programmausschnitt Zählen mit zwei Stellen
...
     incf   einer,1    ; Erhöhen der Variablen einer um +1
     movfw  einer      ; Laden der Variablen einer ins W-Register
     sublw  D'5'       ; Maximaler Zählwert erreicht?
     btfss  STATUS,Z
     goto   loop       ; Nein, dann zu »loop« zurück
                       ; Ja, dann
     incf   zehner,1   ; Zählervariable für die zweite Stelle erhöhen
     clrf   einer      ; Zählervariable der ersten Stelle löschen

     movfw  zehner     ; Laden der Variablen einer ins W-Register
     sublw  D'5'       ; Maximaler Zählwert erreicht?
     btfss  STATUS,Z
     goto   loop       ; Nein, dann zu »loop« zurück
                       ; Ja, dann
     clrf   zehner     ; Zählervariable der zweiten Stelle löschen
  ...
```

Abb. 49: Programmstruktur für ein Zählen bis 4 mit Übertrag

Die Lösung von Aufgabe 9 hat im Ansatz eine gewisse Ähnlichkeit mit der Lösung von Aufgabe 5, auch wenn man sie so auf den ersten Blick vielleicht nicht sieht.

Der Unterschied liegt darin, dass hier mit dem Befehl *INCF* das Register ‚einer' zu Anfang inkrementiert (+1) wird. Im folgenden Schritt wird der Wert in das W-Register geladen, um mit ihm arbeiten zu können, ohne den Inhalt zu verändern. In der nächsten Zeile wird eine feste Zahl, eben der gesuchte Wert, abgezogen – in diesem Beispiel ist es die Fünf (D'5), bei der der Übertrag stattfinden soll. Dieses Ergebnis wird über eine Statusbitabfrage ausgewertet und das Programm verzweigt entsprechend dem Ergebnis. Ist das Ergebnis ungleich null, wird zu dem Label »loop« gesprungen. An dieser Stelle erfolgt die Auswertung des Eingangssignals, wie es in Aufgabe 6 vorgestellt wurde. Ist das Ergebnis aber null, heißt dies, dass ein Übertrag erfolgen muss. Dies bedeutet auch, dass die nächst höhere Stelle (hier: ‚zehner') inkrementiert werden und die ‚einer'-Stelle zurückgesetzt (gelöscht) werden muss. Diese Auswertung wird auch noch einmal auf die ‚zehner'-Stelle durchgeführt. Dieses Verfahren kann nun für beliebig viele Stellen wiederholt werden. Da aber nur zwei Stellen standardmäßig auf der Platine zur Verfügung stehen, erfolgt hier kein erneuter Übertrag, sondern beide Register werden gelöscht und das Zählen beginnt wieder bei ‚null-null' 00.

In jeder Reihe gibt es vier Leuchtdioden, die jeweils eine Zahl repräsentieren. Bei der Zahl Fünf erfolgt ein Übertrag, so dass für die folgende Zahl Sechs dann die beiden unteren Leuchtdioden gleichzeitig leuchten.

Wie löst man nun die Ansteuerung von zwei beliebigen Leuchtdioden gleichzeitig in dieser Schaltung?

Dies ist ganz einfach, es geht nicht!

Es ist in dieser Schaltung elektrisch nicht möglich, dass zwei Leuchtdioden zur selben Zeit voll leuchten. Darum kommt nun der Griff in die Trickkiste der Programmierer.

Es muss ja nicht unbedingt gleichzeitig sein, es reicht doch, wenn es für das Auge so wirkt!

Und genau dies ist in diesem Programm auch die Lösung für das Ansteuern der Leuchtdioden. Jede Reihe der Leuchtdioden wird als eine Einheit betrachtet und nur abwechselnd eingeschaltet. Diese Art der Ansteuerung wird auch als Multiplex-Betrieb bezeichnet.

Es gehört zwar nicht zur Aufgabe, aber dieses Verfahren kann auch den Strombedarf einer Schaltung erheblich reduzieren, da sich die reale Einschaltzeit der Leuchtdioden verringert. In diesem Programmbeispiel halbiert sich etwa der Energiebedarf der Leuchtdioden. Das macht sich aber in der Helligkeit der Leuchtdioden bemerkbar. Je seltener die Leuchtdiode eingeschaltet ist, desto dunkler wird sie. Dem kann man aber in Maßen durch Erhöhung des Stromes etwas entgegen wirken.

Bei der Realisierung solch eines Multiplex-Betriebs kann man verschiedene Wege gehen.

In den meisten Lösungen werden Interrupts ins Spiel kommen, weil sich damit eine feste zeitliche Steuerung der Helligkeit für die Leuchtdioden gewährleisten lässt. In dieser Lösung kommt der Interrupt des ‚Timer0' dafür zum Einsatz. Dieser Timer ist ein im Chipgehäuse des Controllers integrierter Hardware-Zähler, dessen Eigenschaften über zwei Register programmierbar sind. Dieser Zähler löst immer bei einem Überlauf von FFh nach 00h einen Interrupt aus und setzt dabei das Bit »T0IF«.

Um mit dem Timer arbeiten zu können, muss aber zuerst der ‚Timer0' programmiert werden. Dies geschieht unter anderem mit dem bereits vorgestellten ITCON-Register, das zum Steuern des Interruptverhaltens verwendet wird. Für diese Aufgabe muss der Wert B'10100000' geladen werden.

```
movlw    B'10100000'     ; Laden der ITCON Einstellungen
movwf    INTCON          ; Interrupts global aktiviert, Timer-Interrupt
                         ; löschen, Timer0-Interrupt ein
```

Abb. 50: Schreiben des INTCON-Registers

Auch beinhaltet das OPTION-Register einige Bits (die Bits 0-5), die Einfluss auf das Verhalten des ‚Timer0' haben. Die Bits 6 und 7 sind ohne Bedeutung für den Timer.

Allerdings muss das Bit 7 trotzdem beim Definieren beachtet werden, da das Bit Einfluss auf das Verhalten der Hardware des Controllers hat. Das Bit steuert das Verhalten der Pull-up-Widerstände der Eingänge. Werden diese Widerstände eingeschaltet, arbeitet die Schaltung nicht korrekt. Dies brauchte in den vorherigen Aufgaben nicht beachtet werden, da in dem Register nach einem RESET alle Bits gesetzt sind und das Register sonst keinen Einfluss auf die Aufgaben hatte.

Natürlich gibt es viel mehr Register in einem Mikrocontroller, die definiert werden können, um mit ihm zu arbeiten, als die paar, die in den ersten Aufgaben vorgestellt wurden. Diese Register müssen jedoch nicht für die vorgestellten Aufgaben beachtet werden, da sie durch ihre Grundstellung, die sie nach einem RESET annehmen, richtig definiert sind. Würde man alle Register, die das Verhalten des Controllers in irgendeiner Art beeinflussen können, am Anfang des Buches vorgestellt haben, würde sicher nur jeder zehnte Leser bis zu diesen hinteren Zeilen hier im Buch gekommen sein. Die ganze Theorie, mit der Vielzahl an Möglichkeiten, würde viele abschrecken, sich jemals mit einem Mikrocontroller zu beschäftigen. Je mehr Funktionen man in einem Controller nutzen will, desto mehr Register muss man beachten. Aber auch die Bits, die vielleicht in dem Register stehen, aber nichts mit der gewünschten Funktion zu tun haben, so wie in diesem Fall hier. Ein einfaches Löschen würde zu einer Fehlfunktion führen.

Solche Register können einen schon mal zur Verzweifelung bringen. Vor allem, wenn man das erste Mal mit einem neuen Controller arbeitet. Es gibt immer wieder neue Kombinationen und mit jeder neuen Serie steigt die Anzahl und das Lernen beginnt von vorne.

Jetzt sollen aber schnell noch die Bits im »option_reg« – so wird das Register im Datenblatt bezeichnet – erklärt werden, die einen Einfluss auf den ‚Timer0' haben.

Der Aufbau des »option_reg«

option_reg								
Abkürzung	$\overline{\text{GPPU}}$	INTEDG	T0CS	T0SE	PSA	PS2	PS1	PS0
BIT	7	6	5	4	3	2	1	0
Auswahl	1	0	0	0	0	0	0	0

Die Abkürzungen stehen für

Bit 7 GPPU: GPIO Pull-up Enable bit
1 = GPIO pull-ups are disabled
(Deaktivieren der pull-up Widerstände)
0 = GPIO pull-ups are enabled by individual port latch values
(Pull-ups Aktive, diese können jetzt gezielt aktiviert werden – im WPU-Register)

Bit 6 INTEDG: Interrupt Edge Select bit
1 = Interrupt on rising edge of GP2/INT pin
(Interrupt bei steigender Flanke an GP2)
0 = Interrupt on falling edge of GP2/INT pin
(Interrupt bei fallender Flanke an GP2)

Bit 5 T0CS: TMR0 Clock Source Select bit
1 = Transition on GP2/T0CKI Pin
(Taktquelle von GP2 kommend)
0 = Internal instruction cycle clock (CLKOUT)
(Taktquelle interner Takt mit 4 MHz)

Bit 4 T0SE: TMR0 Source Edge Select bit
1 = Increment on high-to-low transition on GP2/T0CKI pin
(Erhöhe Zähler TMR0 bei Übergang von 1 nach 0 an GP2)
0 = Increment on low-to-high transition on GP2/T0CKI pin
(Erhöhe Zähler TMR0 bei Übergang von 0 nach 1 an GP2)

Bit 3 PSA: Prescaler Assignment bit (Vorteiler Zuweisung)
1 = Vorteiler ausgewählt für den WDT (Watchdog)
0 = Vorteiler ausgewählt für das TIMER0-Modul

Bit 2-0 PS2:PS0: Prescaler Rate Select bits

PS2-PS0	TMR0 Teilerfaktor	WDT Teilerfaktor
000	1:2	1:1
001	1:4	1:2
010	1:8	1:4
011	1:16	1:8
100	1:32	1:16
101	1:64	1:32
110	1:128	1:64
111	1:256	1:128

Für die Aufgabe sollte der Teiler nicht zu groß gewählt werden, sonst fängt die Anzeige an zu blinken. Bei größeren Programmen darf der Interrupt aber auch nicht zu oft auftreten, da sonst das eigentliche Programm darunter leidet und der Controller in der ISR fest hängt.

Hier muss man etwas rechnen, oder einfach probieren. Da das Programm selbst aber sehr kurz ist, spielt es hier keine Rolle, darum als Wert für das option_reg = B'10000000'.

Achtung: Das OPTION-Register befindet sich in der Bank 1.

```
bsf      STATUS, RP0       ; Auf Bank 1 umschalten
movlw    B'10000000'       ; Pull-ups Abschalten, interne clock, Teiler 1:2
movwf    OPTION_REG        ; Schreiben des OPTION Registers
bcf      STATUS,RP0        ; Auf Bank 0 zurückschalten

clrf     TMR0              ; Löschen des Zählers TMR0
```

Abb. 51: Setzen des option-Registers

Damit der Zähler an einem definierten Punkt mit der Arbeit beginnt, ist es nun noch möglich, einen Startwert in das Zählerregister »TMR0« zu schreiben, oder es einfach nur auf ‚null' 0 zu setzen.

Ja und es gibt sicher Aufgaben, da müssten noch eine Menge mehr Bits beachtet werden, die im Controller gesetzt werden müssen, bevor das eigentliche Programm beginnt. Dies gilt vor allem für die neueste Generation der PIC-Controller aus der dsPic und 18er-Reihe. Hier gibt es bereits ein Softwaretool, das einen bei der Arbeit unterstützt.

Wer jetzt nach der vielen Theorie ein langes und komplexes Programm erwartet, der wird hier nun sehr enttäuscht sein.

Von der Software her ist das Programm ganz simpel. Die Zählfunktion wurde bereits erklärt, so dass hier nur noch die ISR (interrupt service routine) folgt. Diese beginnt immer, ohne Ausnahme, bei einem PIC-Controller an der Adresse »ORG 0x004«. Dies ist die Adresse, zu der der Controller beim Auftreten eines Interrupts springt. An dieser Stelle muss nun der Programmierer dafür sorgen, dass erkannt wird, welcher Interrupt aufgetreten ist und was aufgrund dessen geschehen soll. Dies erfolgt, wie in einem normalen Programm, mit Masken und Sprüngen. Hier nun die ISR zur Aufgabe 9:

```
;**************************************************************************
; Sprungadresse bei einem Interrupt (ISR Interupt Service Routine)
;**************************************************************************
;
  org    0X004          ; Startadresse der ISR

  movwf  w_copy         ; W-Register retten
  swapf  STATUS,w       ; STATUS-Register retten
  bcf    STATUS,RP0     ; Sicherstellen, dass der Controller in Bank 0 ist
  movwf  s_copy         ; Retten des Inhaltes vom STATUS-Registers in Bank 0
                        ; AUSGABE1
  btfsc  help,1         ; Testen des Hilfsbits zur Auswahl der Leuchtdioden-
                        ; reihen
  goto   AUSGABE10      ; Ist das Bit gesetzt, wird zu »Ausgabe10« gesprungen
  clrf   GPIO           ; Löschen der Zehneranzeige
  movfw  einer          ; Laden der Variablen »einer« in das W-Register
  call   EINERPIN       ; Sprung zum Label »EINERPIN« zum Laden der Pin-
                        ; Variablen
  bsf    STATUS,RP0     ; Auswahl Bank 1
  movwf  TRISIO         ; Setzen der aktuellen Pin-Konfiguration
  bcf    STATUS,RP0     ; Auswahl Bank 0
  movfw  einer          ; Laden der Variablen »einer« in das W-Register
  call   EINERLED       ; Sprung zum Label »EINERPIN« zum Laden der LED-
                        ; Variablen
  movwf  GPIO           ; Schalten der entsprechenden Leuchtdioden

  bsf    help,1         ; Setzen des Hilfsbits »help,1«
  goto   fertig         ; Sprung zum Beenden der ISR
```

```
AUSGABE10
  clrf   GPIO          ; Löschen der Eineranzeige
  movwf  zehner        ; Laden der Variablen »zehner« in das W-Register
  call   ZEHNERPIN     ; Sprung zum Label »ZEHNERPIN« zum Laden der Pin-
                       ; Variablen
  bsf    STATUS,RP0    ; Auswahl Bank 1
  movwf  TRISIO        ; Setzen der aktuellen Pin-Konfiguration
  bcf    STATUS,RP0    ; Auswahl Bank 0
  movfw  zehner        ; Laden der Variablen »zehner« in das W-Register
  call   ZEHNERLED     ; Sprung zum Label »ZEHNERPIN« zum Laden der LED-
                       ; Variablen
  movwf  GPIO          ; Schalten der Leuchtdioden
  bcf    help,1        ; Löschen des Hilfsbits »help,1«
fertig                 ; Beenden der ISR
  bcfINTCON, T0IF      ; Interupt-Flag löschen
  swapf  s_copy,w      ; STATUS-Register zurückschreiben
  movwf  STATUS
  swapf  w_copy,f      ; W-Register zurückschreiben mit Flags
  swapf  w_copy,w

  retfie               ; Rücksprung ins Hauptprogramm
```

Abb. 52: Quellcode der ISR zu Aufgabe 9

Dies ist sie nun, die ISR zu der Aufgabe 9. Der Anfang und das Ende entsprechen der Beschreibung aus dem Kapitel »Interrupts«. Dort werden das W- und das Statusregister zu erst ‚gerettet'. Darauf folgt die Steuerung der Leuchtdioden. Am Ende wird das Interrupt-Bit des ‚Timer0' »T0IF« gelöscht und die zwei Register zurück geschrieben. Dann springt der Controller zu seinem Ausgangspunkt vor Auftreten des Interrups zurück.

Das war es schon, ist doch ganz einfach gewesen, oder?

Ein kleiner Trick steckt noch in der ISR:

Das ist die Variable »help«. Das Bit »eins« 1 dieses Registers steuert die aktive Reihe der Leuchtdioden. Alle anderen Bits stehen für weitere, ähnliche Merkeraufgaben zur Verfügung. Ist nun »help,1« nicht gesetzt, wird die AUSGABE1 durchlaufen, um die erste Reihe der Leuchtdioden D0-D3 zu steuern. Ist »help,1« gesetzt, wird zum Label AUSGABE10 gesprungen und eine Leuchtdiode aus der Reihe D4-D7 angesteuert. Die Ansteuerung entspricht der bekannten Lösung aus den vorherigen Aufgaben. Diese Tabelle wurde nur in zwei Teile, die durch Label gekennzeichnet sind, zerlegt.

```
;**********************************************************************
; Tabellen zum Steuern der Leuchtdioden
;**********************************************************************
;
EINERLED
      addwf  PCL,1
      retlw  D'0'
      retlw  D3_AN
      retlw  D2_AN
      retlw  D1_AN
      retlw  D0_AN

ZEHNERLED
      addwf  PCL,1
      retlw  D'0'
      retlw  D7_AN
      retlw  D6_AN
      retlw  D5_AN
      retlw  D4_AN

EINERPIN
      addwf  PCL,1
      retlw  TRIS_D2_D3
      retlw  TRIS_D2_D3
      retlw  TRIS_D2_D3
      retlw  TRIS_D0_D1
      retlw  TRIS_D0_D1

ZEHNERPIN
      addwf  PCL,1
      retlw  TRIS_D6_D7
      retlw  TRIS_D6_D7
      retlw  TRIS_D6_D7
      retlw  TRIS_D4_D5
      retlw  TRIS_D4_D5
```

Abb. 53: Geänderte Tabellenstruktur für die Aufgabe 9

Mit diesen Techniken sind nun die verschiedensten Varianten möglich. Es kann die Anzahl der Stellen erweitert werden. Es können die Tabellen verlängert werden, um mehr Leuchtdioden zu erreichen, oder, oder, oder.

Funktioniert nun die Lösung dieser Aufgabe nach dem Brennen nicht, wie erwartet, könnte es sein, dass die Einstellungen in MPLAB nicht korrekt sind, oder die falsche Lösung zum richtigen Controller geladen wurde. Bitte auf die Controllerauswahl in MPLAB achten, die muss zum gewählten Controller passen und es muss die dazu gehörende Lösung übersetzt werden. Sonst ‚mosert' der Compiler.

Zusammenfassung:

- Arbeiten mit dem ‚TIMER0'
- Interrupts
- Multiplexen von Anzeigen
- Zählen mit einem Übertrag

Dies war nun die letzte Aufgabe in diesem Buch.

Die Lösungen sollen als Anregung verstanden werden, um an weitere Aufgaben heran zu gehen und um zu motivieren, selbst etwas zu versuchen.

Auch sollte man keine Angst vor größeren Controllern haben! Dort funktionieren die Lösungen genauso, wie sie hier beschrieben wurden.

Ein erster Schritt könnte die Erweiterung der Platine auf 12 Leuchtdioden sein. Aber sicher wird jeder nun schon eigene Ideen haben, was er gerne mit einem PIC-Mikrocontroller steuern möchte.

Ich wünsche jedem viel Erfolg bei seinen eigenen Projekten – aber Vorsicht, nicht zu groß anfangen!

9 Tipps und Tricks

Möchte man nun eigene Projekte auf anderen PIC-Controllern in Angriff nehmen, kann man die hier vorgestellten Programme prinzipiell weiter benutzen und sie an seine Bedürfnisse anpassen.

Allerdings muss man das eine oder andere beachten, auf das hier noch etwas hingewiesen werden soll.

9.1 Namens-Konvention an den Ein- und Ausgängen

Bei den I/Os der größeren Controller muss beachtet werden, dass die Bezeichnung der Ein- und Ausgänge sich ändern. War der Name bis jetzt immer GPIO für das Register und GPIOx die Bezeichnung für den Ausgangs- oder Eingangs-Pin, so ändert sich dies. Bei den größeren Controllern werden die Register mit PORTy und einem Buchstaben bezeichnet. Zum Beispiel: PORTA oder PORTC, wobei die maximale Größe eines PORTs auf acht Pins beschränkt ist. Dies liegt an der 8-Bit-Breite des Controllers. Allerdings muss nicht jeder PORT vollständig an einem Controller vorhanden sein, so dass es auch weitere Ports, mit höheren Buchstaben geben kann, ohne das der vorherige Port vollständig ist. Möchte man einen Pin direkt ansprechen, wie mit »BSF GPIO4«, so heißt es dann »BSF RA3« oder »BSF RB3«. Wobei ich nicht ausschließen möchte, dass es weitere Bezeichnungsvarianten gibt, die mir nicht bekannt sind.

9.2 5 V, woher nehmen?

Um mit den PIC-Controllern zu arbeiten, kann eine Betriebsspannung von 5 V DC benutzt werden. Da kann einem schon der USB-Anschluss des PCs helfen, um sie zu erhalten. Aber bitte Vorsicht! Hier kann bei einem Kurzschluss auch der PC eventuell Schaden nehmen!

Besser, da nicht direkt am PC angeschlossen, eignet sich ein USB-Hub. Diese Geräte liefern auch schon mal bis zu 500 mA bei 5 V an einem Ausgang, wenn sie ein eigenes Netzteil besitzen. Beim Kauf sollte man auch schauen, dass die Ausgänge kurzschlussfest sind. Dies steht aber leider selten auf der äußeren

Verpackung. Sollte man aber einen schweren Kurzschluss in der Schaltung verursacht haben, zerstört man eher den HUB, als den PC. Solche HUBs bekommt man schon ab etwa 10,– € im Computerhandel.

Um an die 5 V zu gelangen, kann man ein USB-Kabel ‚opfern', den Stecker an einer Seite abkneifen und mit einem Messgerät die zwei Kabel für die 5 V suchen. Oder man kauft sich bei einem Elektrotechnikhändler einen passenden USB-Stecker und lötet sich selbst zwei Kabel an den Stecker an (z.B. Reichelt USB AG-KV).

Die Pinbelegung für die 5 V Spannung eines USB-Steckers ist:

Pin 1 +5 V
Pin 4 Masse

9.3 Der Pin MCLR -> RESET

Alle PIC-Controller haben einen Pin mit diesem Namen:

$\overline{\text{MCLR}}$

Diese Funktion liegt entweder an Pin 1, zum Beispiel beim PIC 16F876 oder auch an einem anderen beliebigen Pin. Bei dem PIC 12F629/675 ist es der Pin 4.

Die Abkürzung MCLR steht für »master clear, reset«.

Ist diese Funktion des Pins aktiviert, **muss** dieser Pin für den Betrieb auf ‚high' (+5 V) gelegt werden. Microchip empfiehlt dabei, den Pin über einen Widerstand an die Betriebsspannung zu legen. Damit wegen einer eventuellen kleinen Störungen kein RESET an diesem Eingang ausgelöst wird, ist ein Filter in dem Chip an diese Stelle integriert.

Nimmt man das erste Mal eine neue Schaltung in Betrieb, und es passiert überhaupt nichts, kann es schon mal sein, dass die Konfiguration oder die Beschaltung des MCLR-Eingangs nicht richtig ausgeführt wurde.

Ist an dem Eingang MCLR – wie in Abb. 54 – ein Taster angeschlossen, kann der Controller zu jedem beliebigen Zeitpunkt von Hand zurückgesetzt werden (RESET).

Diese Beschaltung ist in der Entwicklungsphase oft sehr hilfreich, um den Controller bei Fehlern neu zu starten. In einer fertigen Schaltung benötigt man diese

Funktion dann aber oft nicht mehr, so dass dann die Funktion auch entfallen könnte und ein Pin mehr als Ausgang zur Verfügung steht.

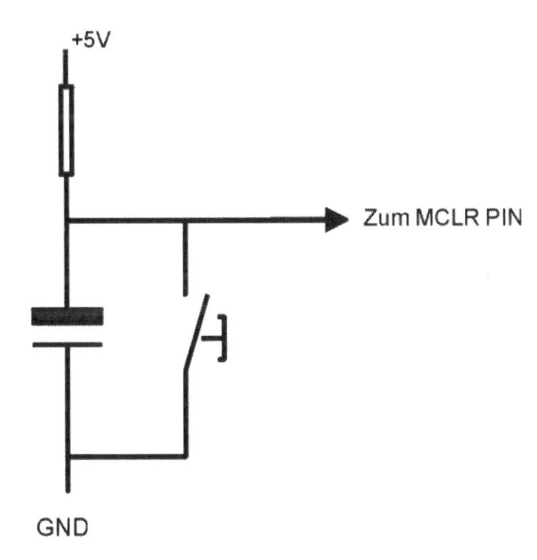

Abb. 54: Mögliche Beschaltung eines MCLR-Einganges

Die Beschaltung bietet noch weitere Eigenschaften:

Da sie der Schaltung zum Entprellen eines Schalters entspricht, hat sie natürlich auch deren Eigenschaften. Ist die in dem PIC integrierte Anlaufverzögerung für das gebaute Projekt nicht geeignet, kann diese auch als POWER-ON-RESET genutzt werden.

Hier kann die Einschaltverzögerung ebenfalls annäherungsweise nach der Formel:

$$\tau = R * C$$

bestimmt werden. Auch ein durch den Taster ausgelöster RESET unterliegt dieser Anlaufverzögerungszeit erneut.

9.4 Die A/D Wandlerfunktion

Alle größeren Controller haben einen Analog-zu-Digital-Converter integriert. Meist liegt er auf PORTA. Hier darf man nicht vergessen, dass für alle diese Controller und auch für die kleinen gilt, dass der A/D-Wandler nach einem RESET **immer** aktiviert ist. Möchte man die Pins digital nutzen, so muss man den A/D-Wandler immer erst abschalten!

Hinweis: Dies gilt auch für den 12F675. Alle vorgestellten Programme laufen auf diesem Controller, es muss nur der A/D-Wandler abgeschaltet werden. Das erreicht man bei dem 675 mit der Zeile:

```
clrf    ANSEL               ; Abschalten aller A/D-Eingänge
```

Weitere Informationen findet man zu jedem Controller in seinem Datenblatt in dem Kapitel zu den I/Os. Meist steht dort auch schon ein Beispiel zur Definition von Pins mit unterschiedlichen Eigenschaften.

Bei Problemen mit den Ports (I/Os) sollte man sich immer zuerst die Frage stellen: Ist die Konfiguration der Pins richtig und sind auch wirklich alle Register beachtet worden?

Es gibt viele verschiedene Einstellungsmöglichkeiten. Grundregel ist, je mehr Funktionen ein Pin hat, umso mehr Einstellungen müssen beachtet werden, leider auch, wenn man ihn nur als I/O-Pin benutzen möchte.

9.5 Belastbarkeit der I/Os

Auch wenn Microchip damit Werbung macht, dass die PIC-Controller bis zu 25 mA an einem Ausgang leisten können, ist dies kein Wert, der die Dauerbelastung des Pins beschreibt. Dies ist der maximale Stromwert der den Ausgang *noch* nicht zerstört!

Die Dauerbelastung eines Pins ist sehr viel geringer. Sie liegt bei 3 mA bei einem ‚high' von V_{DD} -0,7 V und etwa 8 mA bei einem ‚low' am Ausgang und dies bei einer Betriebsspannung V_{DD} = 4,5 V.

Es ist zwar ein direkter Betrieb von Leuchtdioden an den Ausgängen möglich, aber wenn man mehrere Leuchtdioden anschließen möchte, sollte man zumindest auf die ‚low current' Typen zurückgreifen oder doch besser Treiber einsetzen.

Das Thema kann man detailliert in den Datenblättern unter der Überschrift »ELECTRICAL CHARACTERISTICS« nachlesen. Man findet die Ströme der Ausgänge unter den Parametern D080 und D090.

9.6 Rechnen mit ganzen Zahlen

Das Rechnen mit Mikrocontrollern lässt sich bei einfachen Ansprüchen bedingt noch in Assembler lösen. Hierzu findet man auch auf der Homepage von Microchip Hilfen und fertige Programmteile.

Da der PIC nur die Addition und Subtraktion beherrscht, ist man sehr eingeschränkt, aber einiges lässt sich mit einfachen Kniffen auch auf diese Rechenarten zurückführen. Bei komplexen Rechnungen sollte man auf »C« oder eine andere Hochsprache ausweichen, die dies in Maschinensprache umsetzt.

Die Multiplikation lässt sich leicht mit der Addition darstellen. 4*5 = 20 ist nichts anderes, als 4+4+4+4+4 = 20 oder 5+5+5+5 = 20. Das kann man über eine Zählschleife lösen, die mit dem Multiplikator (multi2) -1 geladen wird. Der erste Wert wird als Konstante vorgeladen oder von einer Tastaturabfrage geliefert und in einem definierten Register (multi1) abgelegt. Dies wird dann der Anzahl von multi2 entsprechend auf sich selbst addiert. Das Ergebnis steht am Ende in multi1.

```
            movlw       D'4'
            movwf       multi1
adds        addwf       multi1,1
            decfsz      multi2,1
            goto        adds
```

Eine Division kann man ähnlich lösen. Man lädt den zu teilenden Wert in ein Register und subtrahiert von diesem den zu teilenden Wert. Zum Beispiel 36/5. Dabei zählt man, wie oft man die fünf von 36 abziehen konnte, bis der zu teilende Wert ‚null' 0 unterschritten hat. Benötigt man noch eine Kommastelle, kann man dies mit dem Restwert erneut machen. So würde man in zwei Registern die Werte 7 und 2 erhalten.

9.7 Displays und Anzeigen

Die früher sehr weit verbreiteten 7-Segmentanzeigen sind auch heute noch im Hobbybereich anzutreffen. Sie haben allerdings den Nachteil, dass sie viel Strom benötigen. Bei der direkten Ansteuerung von mehreren (Anzeigen-)Stellen benötigen sie viele Pins eines Controllers und zusätzliche Treiber. Meist kommt man hier ohne ein multiplexen der Anzeige nicht aus.

Da die Preise von Displays auf Punktmatrix-Basis aber erheblich gefallen sind, stellen sie in der Zwischenzeit eine sehr leistungsstarke Alternative zu den 7-Segmentanzeigen dar.

Sie sind in verschiedenen Größen mit unterschiedlich vielen Zeilen und Stellen erhältlich. Ihr Energiebedarf ist im Verhältnis zu der Anzahl der Zeichen sehr gering, so dass sie oft eine gute Alternative sind und viele weitere Möglichkeiten bieten. Mit einer aktiven Hintergrundbeleuchtung sind sie auch bei Dunkelheit sehr gut lesbar. Die Ansteuerung solcher Displays erfolgt seriell, so dass auch schon kleinere Controller große Displays mit vielen Stellen steuern können. Die Steuerung solcher Displays ist recht einfach, dazu finden sich Beispiele im Internet, einige auch auf privaten Homepages in Deutsch.

Auch an das PICkit 1 kann man ein Display anschließen, allerdings benötigt man dafür die größeren PICs 16F630/676 mit 12 I/Os.

9.8 Dimmen einer Leuchtdiode

Welcher Bastler, der den ersten Kontakt mit Leuchtdioden hat, hat es nicht schon mit den verschiedensten Widerständen versucht, um die Helligkeit einer Leuchtdiode zu beeinflussen? Wozu sollten sie denn sonst da sein...

Tja, leider nicht wirklich zur Helligkeitssteuerung, sondern zur Strombegrenzung, was die Helligkeit nur bedingt beeinflusst.

Aber auch das kann man mit einem Mikrocontroller machen: Leuchtdioden dimmen.

Das Verfahren wird mit PWM (Puls-Weiten-Modulation) bezeichnet.

Es funktioniert ähnlich, wie die LED Steuerung in Aufgabe 9. Für das Auge sieht es so aus, als wenn die Leuchtdiode immer eingeschaltet wäre, aber das ist sie nicht. Bei der PWM wird die Helligkeit über das Ein-/Ausschaltverhältnis gesteuert.

Die Idee, die der PWM zugrunde liegt, ist ganz einfach:

Man nimmt eine kleine feste Zeit, diese zerlegt man zum Beispiel in 8 Bit für ein PIC-Controllerregister. Jedes Bit steht für einen Teil der gesamten Zeit. Sind alle Bits in dem Register gesetzt, ist die Leuchtdiode am hellsten. Je weniger Bits gesetzt sind, desto dunkler wird die LED. Ist kein Bit gesetzt, bleibt die LED aus.

Diese acht Bits sendet man nun nacheinander, sich endlos wiederholend, mit der gewünschten Geschwindigkeit an die Leuchtdiode und schon kann man die Leuchtdiode sehr gut in der Helligkeit verändern.

Die einfachste Lösung, dies zu realisieren, ist der Weg über die PWM-Ausgänge, die einige der PIC-Controller integriert haben. Diese Ausgänge übernehmen auch die Zeitsteuerung, was den Controller beim Rechnen entlastet. Hierfür müssen natürlich auch wieder einige Register beachtet werden.

Das gleiche Verfahren kann man auch sehr gut zur Steuerung der Geschwindigkeit von Motoren benutzen.

10 Ein kleines Hilfsmittel

10.1 Eine ProgrammierKlammer

Wer hat das nicht schon mal erlebt: erst eine tolle Schaltungsidee mit einem Mikrocontroller erdacht, diese sogleich auch aufgebaut, dann noch schnell das Programm dazu geschrieben und: »So'n Pech aber auch !!!« War sie doch mal wieder viel zu groß geworden, die Schaltung! Es passt alles gar nicht in das dafür vorgesehene Modell oder Gehäuse!!!

Also noch mal alles von vorn: Die Schaltung neu aufbauen und diesmal aber alles mit SMD-Bauteilen bestücken. Klasse!!! So passt es nun doch.

Aber wie brenne ich den Controller? Die meisten Entwicklungsumgebungen haben nur IC-Sockel für normale DIP-Bauteile. Durch die In-Circuit-Programmierung der meisten Mikrocontroller geht es oftmals auch auf diesem Weg, indem man die Kabel einfach an das Bauteil anlötet, oder alles über direkte Lötverbindungen in der fertigen Schaltung kontaktiert, was für die Einzelanfertigung sicherlich ausreicht.

Dies wird aber spätestens bei einer kleinen Serienfertigung schnell zu einem zeitraubenden Unternehmen.

Professionelle Programmiersockel für SMD-Bauteile, wie sie im Handel angeboten werden, können zwar im Gegensatz zur ProgrammierKlammer meist mehr als nur einen IC-Typ aufnehmen, dafür kosten sie aber auch schon mal leicht um die 100,– €, was für den Hausgebrauch doch eher etwas teuer ist.

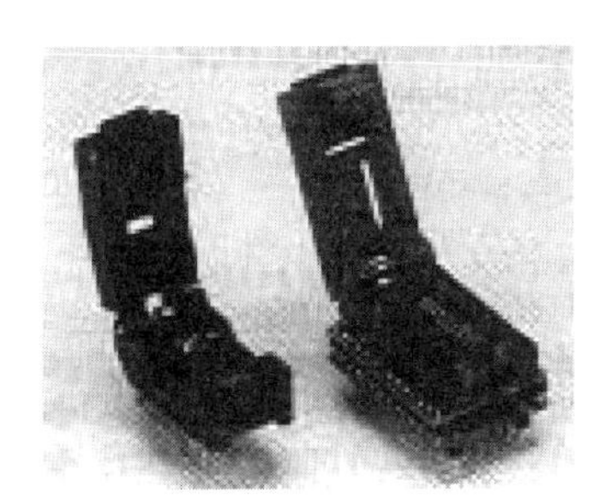

Abb. 55: Professionelle Programmiersockel

Hier nun eine kostengünstigere Idee zum Selbstbauen:

Der Ansatz ist wie folgt: Das Bauteil muss ja nur für eine kurze Zeit auf der Platine in seiner Position auf den Lötpads festgehalten werden. Kleben, Löten oder Ähnliches scheidet dabei aber als Befestigungsmaßnahme aus, da es ja leicht wieder zu entfernen sein soll. Wenn man einen Controller aber nur lose auf ein Stück Platine legt, reicht der Kontakt meist nicht aus, um ihn zu brennen. Der Controller muss also irgendwie auf die Platine gepresst werden, um den Kontakt zu verbessern.

Metallklammern aus dem Baumarkt haben sich da nicht bewährt, da sie nur eine sehr kleine, glatte Auflagefläche haben und beim Verrutschen auch schnell einen Kurzschluss erzeugen. Aber es gibt ja auch noch die einfache, alte Wäscheklammer. Ist sie aus Holz, lässt sie sich dann auch noch auf die gewünschte Fläche mit einer Feile anpassen und die Spannkraft durch Biegen etwas regulieren. Aber auch Plastikklammern tun gute Dienste.

Abb. 56: Das Material für eine ProgrammierKlammer

Was man nun alles braucht, um eine ProgrammierKlammer zu bauen, ist in dem Bild hier zu sehen:

- eine einfache Wäscheklammer
- eine alte Platine mit dem Layout des SMD-Bauteils
- etwas Kupferdraht
- einen Bauteilträger als IC-Sockel
- einen weiteren Feder-IC-Sockel (dessen Aufnahme nicht mehr all zu stramm ist), damit man die ProgrammierKlammer wieder leicht aus der Entwicklungsumgebung oder der Testschaltung entfernen kann.

Auf der Platine werden an jedem Pin des Controllers kleine Drähte angelötet. Diese werden mit dem entsprechenden Pin des Bauteilträgers verbunden. So entsteht ein SMD-Sockel für DIP-Fassungen. Von der Platine kann vorher noch alles, was nicht mehr benötigt wird, abgekniffen werden. Dann klebt man die Platine in die Klammer. Hier eignet sich UHU Hart oder ein anderer, fest aushärtender Kleber sehr gut. Es muss darauf geachtet werden, dass die Platine waagerecht sitzt und die gegenüberliegende, obere Klammerhälfte möglichst die Mitte des SMD-ICs trifft. Wenn dann der Kleber ausgehärtet und die Wäscheklammer, wie auf dem Bild zu sehen, auf der Außenseite hohl ist, kann man den Bauteilträger dort hinein kleben. Fertig ist die ProgrammierKlammer!

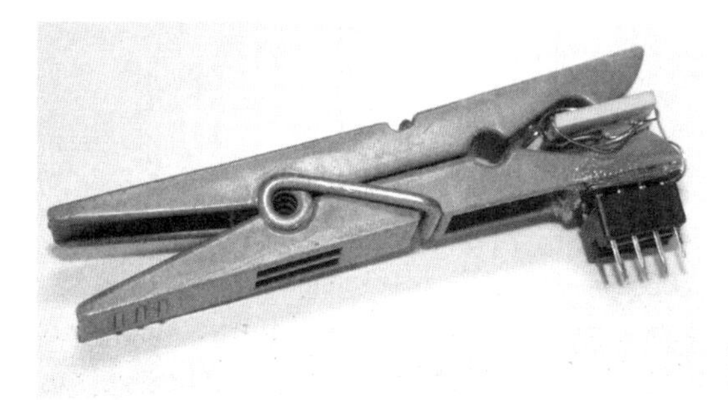

Abb. 57: Die fertige ProgrammierKlammer

Auf dem nächsten Bild sieht man die ProgrammierKlammer im Einsatz. Eine kleine Verbesserung ist es, wenn man einen kleinen Rahmen um das Bauteil im hinteren Bereich anbringt, damit man den Controller dort leichter einlegen kann und er etwas fixiert wird. Was man nicht vergessen sollte, auf der Platine anzubringen, ist ein Punkt, der die Position des Pin »eins« markiert.

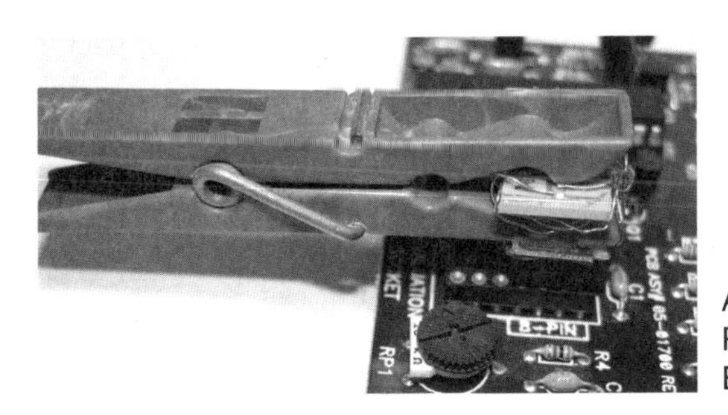

Abb. 58: Die ProgrammierKlammer in einer Entwicklungsumgebung

11 Zusammenfassung

Sicher können Mikrocontroller viel mehr als nur Leuchtdioden an- oder ausschalten.

Da es mir in dem Buch aber in erster Linie um den Umgang mit Assembler zur Programmierung von PIC-Controllern geht, habe ich extra möglichst einfache Beispiele gewählt, die sich auf dem PICkit 1 ohne weitere Hardware realisieren lassen. So sollte vermieden werden, dass man sich durch eine schlechte Lötstelle oder eine falsche Verdrahtung das Leben beim Programmieren selber schwer macht.

Man sucht den Fehler stundenlang in der Software, aber da wurde doch nur eine Masseverbindung vergessen... auch das passiert immer mal wieder...

Bei den Aufgaben sollte man sich sicher sein können, dass die Hardware einwandfrei arbeitet. Zweifelt man daran, kann man immer wieder die Original-Software von Microchip in den Controller brennen und schauen, ob die Platine und der Controller noch arbeiten. Stimmt da schon was nicht, sollte man als erstes den Controller durch einen neuen ersetzen, bei dem man sich sicher ist, dass er noch einwandfrei arbeitet.

Es hat sich bei mir bewährt, alle Schaltungen in einem Testboard zu entwickeln und sie erst später auf eine eigene Platine zu bringen. Dabei benutze ich auch oft einen größeren Controller, als er später in dem Projekt notwendig wird. Bei dem Testboard weiß ich, dass es (meist) funktioniert. Auch hier schießt man mal eine Treiberstufe oder den Controller selbst. Sollte ich einmal an der Funktionsfähigkeit der Hardware zweifeln, brenne ich einen anderen Controller vom selben Typ, mit einem mir als funktionsfähig bekannten Programm, und teste das Board auf seine Funktionen. So kann ich leicht Hardwarefehler ausschließen und mich auf die Software konzentrieren. Läuft diese, kann die Hardware entstehen.

Der Aufwand zum Bau des Testboards war nicht unerheblich, aber ich glaube, im Laufe der Zeit hat es sich gelohnt.

Wer möchte, kann kleine Platinen machen, die an das PICkit 1 zu stecken sind, um zum Beispiel ein Display zu steuern, oder auch um die Drehzahl eines

Motors zu beeinflussen. Microchip bietet da schon einiges an, auch für die Datenübertragung via Funk gibt es zum Beispiel das rfPIC™ Development Kit 1.

Was auch mit recht einfachen Mitteln geht, ist das Erzeugen von Geräuschen. Hierfür benötigt man aber bei Sprache sehr viel Speicher und deshalb sollte man besser mit größeren Controllern arbeiten.

Aber dazu vielleicht irgendwann einmal mehr...

Sicher fehlen an manchen Stellen auch weitergehende Informationen, aber irgendwo musste ich mir auch Grenzen setzen, welche Themen in einem Einsteigerbuch als Grundlagen behandelt werden sollten. Zumal ich nach Möglichkeit unnötigen Ballast, der für einen Anfänger eventuell auch abschreckend wirken könnte, vermeiden wollte.

12 Anhang

12.1 Verzeichnis der Programme auf der CD-ROM

/Datenblätter	Datenblatt zu dem PIC12F629/675
/Software	Installationsvariante von MPLAB 7.01
/Doku	Alle Befehle auf einer Seite als PDF
/Aufgaben/	Die Lösungen zu den Aufgaben
Aufgabe_0x_629.asm	Lösungen für den PIC-Controller vom Typ 12F629
Aufgabe_0x_675.asm	Lösungen für den PIC-Controller vom Typ 12F675

12.2 Quellenangaben

»Datasheets« und »Technical Notes« der Firma Microchip. Aktuelle Ausgaben sind im Internet unter: *www.microchip.com* zu finden.

12.3 Unterstützte Controller durch das PICkit 1

Controller	Supported in OS (FW) Version	Controller	Supported in OS (FW) Version
PIC10F200#	(02.00.00)	PIC16F505	(02.00.00)
PIC10F202#	(02.00.00)	PIC16F54$	(02.00.00)
PIC10F204#	(02.00.00)	PIC16F57$	(02.00.00)
PIC10F206#	(02.00.00)	PIC16F59$	(02.00.00)
PIC12F508	(02.00.00)	PIC16F630	(01.00.00)
PIC12F509	(02.00.00)	PIC16F636	(02.00.00)
PIC12F629	(01.00.00)	PIC16F676	(01.00.00)
PIC12F635	(02.00.00)	PIC16F684	(01.00.00)
PIC12F675	(01.00.00)	PIC16F688	(01.00.00)
PIC12F683	(01.00.00)		

#: Devices in the 8-pin DIP and SOR-23 packages are supported by the PIC10F2XX Universal Programmer Adapter (AC163020).

$: Devices in non-DIP packages or those greater than 14 pins require the use of a self-made adapter. Information on pin-outs can be found in document TB079 Programming Baseline Flash Devices with PICkit 1 on the Microchip web site.

FW: der Controller wird ab der Firmware Version x unterstützt

12.4 Befehlsliste

Seite	Schreibweise	Bedeutung	Operation	Beschreibung	Status
48	ADDLW	Add Literal and W	(W) + k ? (W)	addiert das W-Register mit der angegebenen Konstanten, das Ergebnis steht in W	C,DC,Z
49	ADDWF f,d	Add W and f	(W) + (f) ? (destination)	addiert das W-Register zum angegebenen Register, das Ergebnis steht in W oder f	C,DC,Z
50	ANDLW	AND Literal with W	(W) .AND. (k) ? (destination)	UND-Verknüpfung des W-Registers mit der angegebenen Konstanten	Z
51	ANDWF f,d	AND Funktion	(W) .AND. (f) ? (destination)	UND-Verknüpfung des W-Registers mit dem angegebenen Register	Z
52	BCF f,d	Bit Clear f	0 ? (f <b>)	Löscht das angegebene Bit im angegebenen Register	keine
53	BSF f,d	Bit Set f	1 ? (f <b>)	Setzt das angegebene Bit im angegebenen Register	keine
54	BTFSS f,d	Bit Test f, Skip if Set	skip if (f<b>) = 1	Überspringe den nächsten Befehl, wenn angegebenes Bit gesetzt ist	keine
55	BTFSC f,d	Bit Test f, Skip if Clear	skip if (f<b>) = 0	Überspringe den nächsten Befehl, wenn angegebenes Bit nicht gesetzt ist	keine
56	CALL k	Call Subroutine	(PC)+ 1 ? TOS	Aufruf eines Unterprogramms mit erwartetem Rücksprung	keine
57	CLRF f	Clear f	00h ? (f)	Löscht das angegebene Register	Z
58	CLEARW	Clear W	00h ? (W)	Löscht das W-Register	Z
59	CLRWDT	Clear Watchdog Timer	00h ? (WDT)	Löscht den Watchdog Zähler	TO,PD
60	COMF f,d	Complement f	(f) ? (destination)	Komplementiere (Invertiere/umdrehen) das angegebene Register	Z
61	DECF f,d	Decrement f	(f) – 1 ? (destination)	Dekrementiere (verkleinere/subtrahiere) das angegebene Register um 1	Z
62	DECFSZ f,d	Decrement f Skip if 0	(f) – 1 ? (destination) :skip result = 0	Dekrementiere das angegebene Register um 1 und überspringe den nächsten Befehl wenn (f) =0	keine
63	GOTO k	Unconditional Branch	k ? PC	Gehe zu angegebener Position (k)	keine
64	INCF f,d	Increment f	(f) + 1 ? (destination)	Inkrementiere (vergrößere/addiere) das angegebene Register um 1	Z
65	INCFSZ f,d	Increment f, Skip if 0	(f) + 1 ? (destination) :skip result = 0	Inkrementiere das angegebene Register um 1 und überspringe den nächsten Befehl wenn (f) =0	keine
66	IORLW k	Inclusive OR Literal with W	(W) .OR. K ? (W)	Oder Verknüpfung des W-Registers mit der angegebenen Konstanten	Z
67	IORWF f,d	Inclusive OR Literal with f	(W) .OR. (f) ? (destination)	Oder Verknüpfung des W-Registers mit dem angegebenen Register	Z
68	MOVF f,d	Move f	(f) ? (destination)	Der Inhalt des angegebenen Registers wird abhängig von d in sich selbst oder in W verschoben	Z
69	MOVLW k	Move Literal to W	k ? (W)	Die Konstante k wird in das Arbeitsregister W geschoben	keine
70	MOVWF f	Move W to f	(W) ? (f)	Der Inhalt des W-Registers wird in das angegebene Register geschoben	keine
71	NOP	No Operation	No operation	Pause, in der Zeit wartet der Controller auf den nächsten Befehl (ein Taktzyklus)	keine
72	RETFIE	Return from Interrupt	TOS ? PC, 1? GIE	Rücksprung aus Interruptroutine	keine
73	RETLW k	Return with Literal in W	k ? (W), TOS ? PC	Rücksprung aus Interruptroutine mit Laden der angegebenen Konstante ins W-Register	keine
74	RLF f,d	Rotate Left f through Carry	shift left	Der Inhalt von f wird um 1 nach links geschoben, das obere Bit wird durch Carry unten wieder eingesetzt	C
75	RETURN	Return from Subroutine	TOS ? PC	Rücksprung aus einem Unterprogramm	keine
76	RRF f,d	Rotate Right f through Carry	shift right	Der Inhalt von f wird um 1 nach rechts geschoben, das obere Bit wird durch Carry unten wieder eingesetzt	C
77	SLEEP	Sleep		Aktivieren des SLEEP Modus, Power down	TO,PD
78	SUBLW k	Subtract W from Literal	k -(W) ? (W)	Das W-Register wird von der angegebenen Konstante abgezogen, das Ergebnis steht in W	C,DC,Z
79	SUBWF f,d	Subtract W from f	(f) -(W) ? (destination)	Das W-Register wird von dem angegebenen Register abgezogen, das Ergebnis steht in W oder (f)	C,DC,Z
80	SWAPF f,d	Swap Nibbles in f		Vertauscht das obere und untere halbe Byte vom angegebenen Register	keine
81	XORLW k	Exclusive OR Literal with W	(W) .XOR. K ? (W)	Der Inhalt des W-Register wird Exclusiv-ODER mit der Konstanten verknüpft, das Ergebnis steht in W	Z
82	XORWF f,d	Exclusive OR W with f	(W) .XOR. (f) ? (destination)	Der Inhalt des W-Register wird Exclusiv-ODER mit f verknüpft, das Ergebnis steht in W oder f	Z

12.5 Bezugsquellen

Zum Schluss sollen hier noch Quellen genannt werden, wo unter anderem das PICkit erhältlich ist:

Als erstes sei hier Microchip selbst genannt. Im Internet gibt es einen Onlineshop unter *www.microchip.com* in der Rubrik »buy« oder direkt unter *http://buy.microchip.com.*

Die Bestellnummer dort für das PICkit lautet: DV164101, hier sind auch alle erwähnten Erweiterungskarten erhältlich.

Bitte aber auf die Versandkosten achten, diese sind je nach Land sehr unterschiedlich. Auf den Seiten werden auch weitere Händler für jedes Land genannt.

Auch auf den Internetseiten von *www.meruteu.com* wird das PICkit geführt.

Die Händler Conrad und Reichelt haben es zur Zeit leider nicht im Programm.

Stichwortverzeichnis